劉善群 著

東京奧運634

TOKYO 1964·2020

東京新國立競技場是由 1964 年東京奧運主場館霞丘陸上競技場拆除重建，大成建設、梓設計及隈研吾建築都市設計事務所共同團隊費時 3 年建造完成。2020 東京奧運及帕運將做為開閉幕典禮主會場。田徑及女足冠軍賽也將在此舉行。（写真提供：（独）日本スポーツ振興センター。©JAPAN SPORT COUNCIL）

（写真提供：（独）日本スポーツ振興センター。©JAPAN SPORT COUNCIL）

（写真提供：（独）日本スポーツ振興センター。©JAPAN SPORT COUNCIL）

（写真提供：（独）日本スポーツ振興センター。©JAPAN SPORT COUNCIL）

國立代代木競技場是建築大師丹下健三在1964年東京奧運的代表作，2020年東京奧運將做為手球項目競賽場地，帕運則用在輪椅橄欖球和手球競賽。
（攝影／劉善群）

1966 年英國超級樂團 The Beatles 赴日演出就是在武道館開唱，2020 年東京奧運，武道館是柔道和空手道的競賽場地，帕運的柔道也在這裡進行。（攝影／劉善群）

位在辰巳之森海濱公園內的水上運動中心，是 2020 年東京奧運的新建場館之一，建造經費 567 億日圓，奧運競賽期間觀眾席為 15000 個座位。（攝影／劉善群）

有明體操競技館是為東京奧林匹克運動會新建，整座建築物最大的特色就是完全由木製的拱形屋頂，木頭的材料來自北海道和長野縣的落葉松。（攝影／劉善群）

2020 年東京奧運體操賽場 - 有明體操競技館介紹

東京辰巳國際游泳館就在辰巳水上運動中心附近，2020 年東京奧運期間，
辰巳國際游泳館將做為水球競賽場地。（攝影／劉善群）

1985 年啟用的兩國國技館，可以容納 11100 人，是東京著名的相撲場，
東京奧運會期間這裡被安排為拳擊競賽場地。（攝影／劉善群）

東京論壇大廈的中庭大廳以玻璃為建材，打造出「船」型主題，
東京奧運這裡是舉重比賽場地。（攝影／劉善群）

皇居外苑擁有日本代表性歷史建築二重橋和櫻田門。東京奧運會皇居外苑為自由車公路賽的起點和終點。（攝影／劉善群）

位於東京澀谷區的東京體育館，與主場館新國立競技場只隔一條馬路，是著名建築師槙文彥的代表作之一。2012 年東京體育館重新裝修；2020 年東京奧運這裡將是男、女桌球賽場。（攝影／劉善群）

有明網球森林公園為日本大型網球賽事主要場地，中央球場可以容納 10000 名觀眾。帕運的輪椅網球也在這裡比賽。（攝影／劉善群）

江東區夢之島是東京用 10 年時間填海而成的新生地，1978 年整修完成正式向民眾開放。夢之島公園射箭場是為東京奧運新建，2019 年 4 月完工，奧運和帕運期間將做為射箭比賽場地。（攝影／劉善群）

JR（日本國鐵）在東京車站外設置的東京奧運倒數計時裝置，
提醒大家還有多久就是奧運盛會。（攝影／劉善群）

一九六四年東京奧運，日本讓全世界看見敗戰後的復興；
二〇二〇年東京奧運，日本要讓全球看見震災後的振興。

二十世紀，日本辦了一次夏季奧運，兩次冬季奧運，
進入二十一世紀，日本首次舉辦的奧運會是什麼樣？

目錄

Phase 2　跨越世紀

番外篇

PART 2
創意與創新

PART 3
科技與未來

番外篇

REFERENCE
附錄

推薦序

東京——與時俱進的奧林匹克城市

國際奧林匹克委員會委員
國際奧會文化暨奧林匹克傳承委員會主席

日本是亞洲舉辦奧林匹克運動會經驗最多的國家，從一九六四年東京奧運、一九七二年札幌冬季奧運到一九九八年長野奧運，總共有三次。二〇二〇年的東京奧運是日本第四度舉辦奧運，也是進入二十一世紀後第一次，日本和東京如何將「探索未來」（Discover Tomorrow）主題，從體育競技、城市規劃、科技應用、藝術人文和環保永續等方面做全方位的呈現，備受全球矚目與關注。

善群這本《東京奧運634》的書，正是從人文、創意和科技三個面向，對二〇二〇年東京奧運做完整而深度的介紹，讓大家可以更清楚的認識到，進入新世代的奧林匹克城市，從規劃、設計到執行所費盡的心思和動員的能力。更重要的是，要有前瞻的眼光和永續經營的目標，才能符合與時俱進的現代奧林匹克精神。

在環保上，日本人從白色家電垃圾提煉奧運獎牌的金銀銅材質，用震災組合屋鋁材結合新幹線高科技做出的聖火火炬；在科技上，開幕典禮從太空中的人造衛星施放人造流星，營造流星雨取代傳統的煙火，導入機器人、無人車和人工智能為奧運會服務，這些奧運史上前所未見的舉措，善群書中也都說了詳細的故事。

這本書也特別將一九六四年和二〇二〇年兩屆東京奧運做了比照，一個是敗戰後的復甦，一個是地震後的振興，即使相隔五十六年，日本人堅毅、認真、團結的民族性未有絲毫改變，同樣透過奧林匹克運動會的舉辦，展現國家堅實而強大的競爭力，這正是奧林匹克文化與傳承的精神。

認識善群超過三十年，他對奧林匹克活動參與甚深，更是歷經七屆奧運報導，其中四度赴現場採訪、轉播的資深媒體人。他以累積的工作經驗為基礎，跳脫僅有體育的範疇，從社會、人文、財經和科技等面向介紹東京奧運，並連續三年赴日本考察調研，詳實且豐富地寫下這本書。相信大家讀過之後，觀看二〇二〇年東京奧運時會更有感覺。

推薦序

5G賦予東京奧運五環新時代意義

台灣科技大學特聘教授
電子商務專家
盧希鵬

二〇二〇年東京奧運是日本在睽違五十六年之後再度舉辦夏季奧運會，身為科技強國和經濟大國，日本要端出什麼令全球驚豔的產品和服務，備受全球期待。

五十六年前的東京奧運，日本做出奧運史上第一次全球直播、彩色電視轉播和開通東京到新大阪的子彈列車，令全球肯定日本的科技實力；五十六年後的東京奧運，日本再度運用科技力將奧林匹克運動會提升到嶄新紀元，其中最重要的關鍵技術就是5G，也就是運用5G串起新世代奧林匹克的新五環。

善群在本書中提到東京奧運會的服務，將會導入無人車、機器人、人工智能、人臉辨視和AR、VR、3D全息投影等新世代科技，但要讓這些服務能夠運作，全部要靠5G技術的強連結才能辦到。

機器人運作最重要就是「運算、連接和體驗」三步驟。書中提到日本豐田公司製造的東京奧運吉祥物機器人和T-HR3機器人，加油觀眾透過吉祥物機器人，將自身的影像、聲音、動作和力量，傳達到遠端T-HR3機器人，讓運動員幾乎是同步感受到觀眾加油的熱情，甚至可以相互擊掌，沒有5G的強連結就無法讓這些運算和體驗產生互動。

東京奧運的影音規格定位在8K，沒有5G的高速傳輸是無法達到逼真的畫質。另外，從比賽場館、奧運選手村到主新聞中心MPC和國際廣播電視中心IBC，任何一處都需要藉由5G產生快速且有效率的服務。正因如此，二〇二〇年的東京奧運，日本運用5G串起奧林匹克的新服務，賦予環環相扣的奧運五環新的時代意義，同時也讓服務無所不在。

和善群認識是他在擔任中時電子報總編輯任內，他對網路科技的認知和應用相當熟悉，再加上對奧林匹克的研究與熱愛，這本書對東京奧運的科技應用深度的分析與介紹。二〇二〇年也是台灣進入5G的戰國時代，相關業者要如何利用5G為客戶提供創新的服務，從善群這本書也可以得到一些啟發。

推薦序

東京奧運——想看開幕的流星雨，想嘗金牌的滋味

兩屆奧運跆拳道金牌得主
中華奧會執行委員

有一群人每四年會聚在一起，為的是四年一度的奧林匹克運動會。這些人是來自世界各地的選手、教練、志工、觀眾等等，而將奧運會訊息與畫面第一時間傳送到各地的媒體從業人員更不在話下。這本書的作者善群正是一位資深媒體人，以他參與奧運會的經驗和觀察，再加上多次前往日本實地考察後，說出了一九六四年和二〇二〇年前後兩屆東京奧運的精彩故事。

一九八八年漢城奧運（現為首爾），我是選手，善群是記者；二〇〇〇年雪梨奧運，善群是主播，我是講評。時隔二十年，二〇二〇的東京奧運，我則擔任中華奧會執行委員，而善群寫下的《東京奧運634》，則讓我意外成為了他的粉絲。從他這本書裡大家可以明瞭，原來奧運除了聖火、競技比賽，更是一個國家、城市，文化、歷史、經濟與創新能力的展現。

東京奧運的比賽很值得期待，一票難求是眾所皆知的，但奧運開幕能看流星雨？各國的菁英好手在選手村睡紙做的床？選手最嚮往的東奧獎牌，是垃圾回收做的？天啊～這也太酷了！不知道金牌選手咬下金牌時是什麼滋味XDXD～肯定為了自己在拿金牌的同時也為環保、永續盡一份心力而特別的榮耀吧！

舉辦奧運會，現階段與我們有些距離；但奧運會的歷史，我們卻每個人都可以參與其中。二〇二〇東京奧運，你可以看熱鬧，更可以藉由《東京奧運634》，好好的看個門道。

自序

東京，總是讓我打開眼界的地方

如果問我，體育賽會採訪生涯中印象最深刻的是哪一場比賽，我會毫不考慮回答說，一九九一年東京第三屆世界田徑錦標賽。這一年的東京，讓初出茅廬的小記者大開眼界，看到人類體能極限的突破，看到世界先進國家如何舉辦頂尖賽事，也看到一九六四年東京奧運會的運動設施仍然被延續使用著。

正因為如此，日本舉辦二〇二〇年東京奧運會，我以這個三十年前的「東京印象」為基礎，加上參與過七屆奧運報導，其中有四屆現場採訪、轉播的經歷，從人文、創意和科技三方面，和大家分享一九六四年和二〇二〇年兩屆東京奧運會的人、事、物。

一九九一年是我生平第一次到日本，也是第一次採訪世界大型的運動賽事，比賽從內到外，都令人讚歎不已。

一九六八年墨西哥奧運會，美國跳遠名將包伯．貝蒙（Bob Beamon, 1946-）在海拔二二四〇公尺的墨西哥城跳出被稱為史上「最完美一跳」（The Perfect Jump）的八公尺九十世界紀錄，驚豔全球體壇。人類從進入二十世紀開始，跳遠的世界紀錄總共被打破十三次，平均每次增加六公分。但貝蒙這驚天一跳，一口氣將世界紀錄推進了五十五公分，從此被喻為「貝蒙障礙」，幾乎被認為這項紀錄到二十世紀結束都不可能被打破。但是，神奇的事就在東京發生了！

1991 年在霞丘國立競技場採訪東京世界田徑錦標賽。（攝影／鍾豐榮）

美國選手麥克．包爾（Mike Powell, 1963-）在連續四屆奧運跳遠金牌得主卡爾．劉易士（Carl Lewis, 1961-）激烈競爭下，騰空飛躍超越「貝蒙障礙」的八公尺九五世界新紀錄，我何其有幸能在現場目睹這「世紀一躍」，東京霞丘國立競技場滿場觀眾的驚呼聲和鎂光燈，令我激動和震撼，至今深深難忘。全球在現場採訪的媒體如何搶發這則全球體育大頭條，也讓我頭一次體驗到什麼叫做全球大事的現場媒體大作戰。

這次比賽，劉易士也以九秒八六刷新了男子百公尺的世界紀錄。不過就在比賽舉行期間，世界上也發生了政治大事，蘇聯最高領導人戈巴契夫（Mikhail Sergeyevich Gorbachev, 1931-）發生了「八一九黑海政變」，這件事導致後來蘇聯的解體，世界政治版圖大洗牌。當年還代表蘇聯參賽的撐竿跳名將「鳥人」布卡（Sergey Bubka, 1962-），雖然贏得金牌，但被媒體問的都是蘇聯政變的事。在這個事件我也學到一件事，新聞工作者視野不能窄，一定什麼事都要涉獵，一旦事件發生才能派得上用場。這一課對我日後工作影響甚大，包括寫這本書。

一九九一年東京世界田徑錦標賽，比賽的場地霞丘國立競技場，正是一九六四年東京奧運會的開、閉幕典禮和田徑比賽的主場地。另外，做為主新聞中心的東京體育館，以及周邊的代代木競技場、日本武道館等設施，也都是一九六四年東京奧運時所留下的體育遺產（Sport Legacy）。雖然前後相距二十七年，仍然維持相當完整而良好，特別是場館間的動線安排，著實能讓人體會到當初日本規劃人員的深謀遠慮。

半個世紀過後（1964-2020，五十六年），東京再度舉辦奧運，這些體育設施都還能派上用場，代代木競技場是手球競賽場地，武道館則是柔道和空手道，為東京市政府和東京奧組委省下不少建設預算。霞丘國立競技場則是拆除，由日本建築大師隈研吾和團隊負責，原址重建「新國立競技場」，做為二〇二〇年東京奧運會的主場地。這些半世紀間發生的故事，書中都會描述。此外，也會全面談到日本人為東京奧運所做的創意與巧思。

我出生在一九六四年，正好就是第一次東京奧運那年。記得在政大商學院上吳靜吉教授一堂「領導與團隊」課程時，他要每個人把自己從出生那年開始，將國內和世界發生的大事和自己做連結，仔細省視成長背景。結果發現，我出生那年全球最重要的大事包括東京奧運會、蘇聯政變赫魯雪夫下台、中共第一次試爆原子彈成功、The Beatles崛起、戰後嬰兒潮進入尾聲和X世代的起算年。其中我對東京奧運會特別感興趣，一直持續做深度探索。四年一度的奧林匹克運動會，不僅是一場運動盛會，它與國際政治、國家建設和財經預算都是環環相扣，息息相關。書中除了運動賽會之外，這些主題的故事，無論是第一次還是第二次東京奧運，都有一些罕為人知的精彩內容。

一九六四年東京奧運會前一年，有一首日文歌紅遍全球，間接為東京奧運會做了宣傳。這首歌的歌名叫「昂首向前走」（上を向いて歩こう），外國人實在不太會念日文，索性有人把歌名改成「Sukiyaki」（壽喜燒），歌詞也做了修改。這首歌曾經在美國告示牌排行榜連續三周排名第一，也在錢櫃排行榜連續四周高居榜首，當時銷售量突破一百萬張。會提到這首歌，是因為它原本的歌詞太有意義，也象徵著日本人勇往直前的做事精神和態度。

歌詞中提到，當你難過要掉眼淚的時候，請把頭抬起來看看天空，不要讓眼淚流下來。幸福就在雲彩和晴空之上，讓悲傷躲在星星和明月之後，一個人繼續向前行。日本三一一東北大地震發生後，日本大牌明星和歌手特別錄了這首歌，凝聚災後民心，鼓勵大家要樂觀向前行。還有，與一九六四年東京奧運時期相關的作品，例如由宮崎駿企劃改編的動畫片《來自紅花坂》，和晨間電視劇《雛鳥》、《小豆豆的故事》等，只要是昭和四十年前後的作品，都常引用這首歌和旋律。

寫這本書的過程，一再強烈感受到日本人堅持和勇往直前的精神，就和歌詞形容的一樣。五十六年前的東京奧運，日本人就是用這種態度贏得全球的掌聲；二〇二〇年東京奧運，日本人同樣以這種態度團結人心，即使會遇上困難而哭泣，但勇敢地昂首抬頭不讓眼淚掉下來，舉國上下為全力辦好奧運的目標齊步向前行。我深深認為，二〇二〇年東京奧運一定會成功，也用這本書告訴大家為什麼。

感謝我服務過的媒體，聯合報系民生報、台灣電視公司、旺旺中時媒體集團的中天電視和中時電子報，因為你們熱愛體育運動，願意投資把我送到世界三十八個國家和地區採訪、報導和轉播運動賽事，我才能累積相關知識和經歷來寫這本書。也感謝這三十年間幫助過我的長官、同事和朋友們。

謹以此書獻給所有熱愛奧林匹克的人。

楔子：下町．筷子．晴空塔

寫這本書的動機來自一雙筷子。

三年前買了一雙要價日幣一萬元的筷子，它來自日本東京下町的「江戶大黑屋」。朋友剛聽到時都覺得我太奢侈了，不就是一雙平凡的木筷，花了台幣三千多元，值得嗎？大部分的人一輩子吃飯所用掉的筷子都要不了三千元。

但是，當我在Facebook說出這雙筷子的故事之後，朋友們都說它值。媽媽到台北家裡指名要看這雙筷子；好友台視前主播戴忠仁送了我一個價值不菲的古董筷架，還說寶劍必須配英雄。

到底這雙筷子魅力何在？

筷子的材質是黑檀木，頂端為六角形，中段收斂為三角形，到了筷尖又變為四角形，單就製作工法來說，有著獨特的匠人技藝和人體工學設計。使用起來，中段三角形好拿，長度、重量稱手，四角形的筷尖夾東西穩固不易掉。不過，這些並非這雙筷子最大的價值。

賣這雙筷子的地方就在東京的下町，當地有目前東京最出名的地標——晴空塔。整個東京包括下町這個地方，在古代都隸屬於「武藏」國，這雙筷子的全名為「下町武藏箸」。「武藏」的日文發音為「MUSASHI」，巧合的是，日文六三四（ムサシ）的發音正好和「MUSASHI」相同，筷子的六角形、三角形和四角形創意，完美地嵌入「武藏」的古名。

但更具巧思的是，東京新地標晴空塔的高度，正好就是六百三十四公尺。買了這雙筷子，令我這輩子都能牢牢記住東京晴空塔有多高。

一雙筷子，結合了東京都的古名、工藝和新地標，精準地傳達東京的人文、創意和設計。這和日本人舉辦二〇二〇年東京奧運的精神與態度完全一致。

「更快、更高、更強」（拉丁文"Citius, Altius, Fortius"）是傳統的奧林匹克精神，一九六四年東京奧運和二〇二〇東京奧運，兩屆奧運會無論是場內到場外，都有太多的事與物令人期待，尤其是追求卓越。晴空塔六百三十四公尺的高度，是日本東京都心的最高點，從這個頂點開始，這本書將從人文、創意設計和科技三部分，來和大家分享東京奧運的故事。

PART 1
歷史與人文

Phase 1 前塵往事

一九六四年的東京奧運會對日本來說，是一件劃時代的歷史大事。如何從二次世界大戰戰敗國的頹喪、貧困中振作，用舉辦奧運結合城市重建，讓全世界都看見日本人堅毅向上的決心。

二〇二〇年日本再度承辦東京奧運，日本政府更要在這個舉世矚目的大舞台上，從經濟、科技和文化上華麗轉身，領先全球走進嶄新世代，同時也展現日本雄厚的軟實力和硬實力。

二〇一一年讀賣新聞舉行「昭和時代的象徵」民調，一九六四年東京奧運高票當選第一。在第一篇的前塵往事篇裡，前半段我們就從五十六年前的東京奧運會談起，看看日本人如何把這屆的聖火藏了二十年，為什麼挑了一個十九歲的大學生來點聖火。另外，也談了台灣在這屆東京奧運會個人覺得最重要的故事，鐵人楊傳廣被下毒。

後半段的跨越世紀篇，我用「從昭和到令和」談了日本三位天皇與奧運的關係；也談了當代建築設計大師隈研吾如何「火中取栗」，如何從英國女設計家札哈·哈蒂被取消奧運主場設計案後，接下這顆燙手的火栗子。

另外，也從人文角度來看東京奧運會的三大重頭戲，開幕典禮表演的策劃團隊、位於傳統和未來之間的奧運選手村以及長達一百二十一天的奧運聖火傳遞。

二十年不滅的奧運聖火

一九六四年東京奧林匹克運動會有太多的第一。這個第一次由亞洲國家主辦的奧運盛事，開幕典禮的準確時間是十月十日日本時間下午兩點，由日本裕仁天皇宣布比賽正式展開。第一位非歐洲籍的國際奧會主席布倫達治（Avery Brundage, 1887-1975，美國籍）在現場見證歷史。

透過美國所發射的同步衛星「Syncom-3」，東京奧運成為史上頭一個提供全球電視直播訊號的開路先鋒，奧運受世人關注的程度自此更上一層樓。奧運史上首度有彩色電視轉播也出現在東京奧運。從東京到新大阪的世界第一條高速鐵路，也在這屆奧運會提供服務。

象徵奧林匹克崇高精神的聖火，一九六四年八月二十一日在奧運發源地——希臘的奧林匹亞引燃，隨即在亞洲和日本境內展開盛大的聖火傳遞活動。但這一屆的奧運聖火也創造了有趣且傳奇的世界紀錄，它延續了整整二十年才完全熄滅。但在說這個故事之前，先來說說這把聖火如何從希臘到東京。

由於是奧運史上第一次由亞洲國家主辦，當年傳遞的亞洲國家及地區包括土耳

オリンピア（ギリシャ）での採火式
The Olympic Flame Lighting Ceremony in Olympia (Greece)

1964 年的東京奧運會聖火，當年 8 月 21 日在奧運發源地希臘奧林匹亞引燃火種。（攝自日本奧林匹克博物館）

第 18 屆奧林匹克運動會 1964 年 10 月 10 日在東京霞丘國立競技場點燃大會聖火。（攝自日本奧林匹克博物館）

1964 東京奧運聖火的亞洲傳遞路線示意圖。（攝自東京奧林匹克博物館）

其伊斯坦堡、黎巴嫩貝魯特、伊朗德黑蘭、巴基斯坦拉合爾、印度新德里、緬甸仰光、泰國曼谷、馬來西亞吉隆坡、菲律賓馬尼拉、香港和中華民國台灣台北，再經由當時還是由美國看管的琉球（一九七二年才交回日本治理），最後在九月九日空運至日本本土鹿兒島。

一九六四年的東京奧運聖火，是台灣迄今唯一有過奧運聖火到訪傳遞的紀錄。當年的九月六日，奧運聖火由日本航空專機由香港送到台北松山機場，沿途經由民權東路、敦化北路、南京東路、中山北路、忠孝西路、中華路西門町、寶慶路、介壽路、信義路、敦化南北路，夜宿台北市立體育場（今為台北田徑場）。隔天東京奧運聖火按原路線逆向傳遞至松山機場送往琉球。

為了迎接東京奧運聖火，政府特地複製打造中華歷史名器毛公鼎，做為奧運聖火在台北的停留之所，地點就在台北市立體育場正門口。如今這座仿古毛公鼎，仍矗立在台北田徑場的大門口。一九六四年擔任將東京奧運聖火在毛公鼎中的引燃代表人，為知名排球國手林竹茂。當年林竹茂為師範大學學生代表，負責跑復旦橋（於一九九一年拆除）到台北體育場這一段。現已八十二歲的林竹茂在接受訪問時說，他以在台北引燃東京奧運聖火為一生重大的榮耀。他回憶說，當時非常緊張，深怕奧運聖火在自己手中弄熄。林竹茂十多年前已自師大體育系教授退休，至今仍非常關心奧林匹克活動和台灣體育事務。

聖火從台北傳到琉球後，琉球當時仍為美國託管地，能不能出現日本國旗是個棘手問題。日本政府無人出面和美國方面交涉，已卸任的日本奧會主席田畑政治帶著六百多面小國旗，利用琉球剛裝好電視微波電纜，和NHK的轉播配合下，讓聖火為期三天的傳遞畫面都看得到日本國旗。美方礙於電視轉播情況下，並未對太陽旗加以干涉。

歷時五十一天的東京奧運聖火傳遞，路線全長二六〇六五公里，途經

1. 1964 年 9 月 7 日，東京奧運聖火傳至當時仍為美國看管的琉球，負責第一棒傳遞為宮城勇。（翻攝自 NHK-G）

2. 1964 年東京奧運聖火來台時，政府特地複製打造的仿古毛公鼎，目前仍矗立在台北田徑場的大門口。（攝影／劉善群）

3. 1964 年東京奧運聖火傳遞來台，由師範大學學生林竹茂負責將聖火於毛公鼎引燃。現年 82 歲的林竹茂教授，以此為畢生榮耀。（攝影 / 劉善群）

十二個國家和地區，五千二百四十四人參與。日本境內的傳遞路線兵分四路，共六七五五公里（陸地），參加聖火傳遞的全部都是十六歲到二十歲的年輕人，每個傳遞隊伍包括一名主火炬手、二名副火炬手、二十名火炬陪跑員，共十萬又七百一十三人，最後由早稻田大學十九歲大一學生坂井義則在東京霞丘國立競技場正式點燃。

至於一把奧運聖火燃燒了二十年，究竟是怎麼一回事？這個事件日本方面雖未有確切證實，但從一九八四年至今也未見有人出面否認。有日本人曾在電視上看過這個事件的討論。

根據國際奧林匹克運動會主辦章程

「原爆之子」坂井義則點燃1964年東京奧運聖火的一剎那。（翻攝自NHK G）

1964年東京奧運聖火在日本境內的傳遞路線示意圖。（攝自日本奧林匹克博物館）

規定，每一屆的奧運聖火都必須在閉幕典禮中熄滅，為賽會劃下圓滿句點。但偏偏在一九六四年的東京奧運會的聖火，發生了「監守自盜」的意外插曲。

一位名叫竹內的會社經理，一九六四年東京奧運時曾擔任聖火台的守衛。利用職務之便「近水樓台先得月」，乘著他在當班期間，將奧運聖火引入金屬製的手提燈，悄悄地帶回自己在鹿兒島的家中。竹內取得奧運聖火後相當低調，只有至親好友及鄰居知道這個祕密，加上當時訊息傳遞不如現在發達，才得以讓聖火持續存在了二十年之久。一直到一九八四年洛杉磯奧運開幕前夕，竹內的家人在打掃時不小心將聖火給弄熄了，東京奧運聖火還燃燒著的消息才因此曝光。

經過確認，竹內所盜的聖火的確來自第十八屆東京奧林匹克運動會的聖火台，但因為行為違反國際奧委會規定，竹內延續的聖火被認定為「非法聖火」。但竹內表示，他不知道他的行為違反奧運會規定，但他的動機很單純，就是想讓鹿兒島家鄉的孩子們看到這把地位崇高、意義不凡的神聖之火。

先前曾提到，一九六四年東京奧運會的聖火，到達日本的第一個站就是鹿兒島，除了竹內之外，鹿兒島也出現另一把奧運聖火。東京奧運會結束後，鹿兒島有一個地方一直保存著這把神聖之火。盜聖火的竹內也來自鹿兒島，這個聖火是否是來自竹內，有待考證。但是這把聖火也鬧出了「贗品聖火」事件。

東京在二〇一三年取得二〇二〇年的奧運主辦權，日本舉國歡騰，鹿兒島保存一九六四年東京奧運聖火的地方，接獲來自全國各地的請求，希望引這把意義非凡的聖火到當地，做為各項慶典活動的主角。然而在三年後的二〇一七年十一月十六日，鹿兒島保存奧運聖火地點的主管告訴法新社記者，這把聖火並非當年東京奧運會的聖火，真正的聖火早在東京再次取得奧運會主辦權的兩個月後就熄滅了。

這名不願透露姓名的主管表示，他親眼看見東京奧運聖火在二〇一三年十一月二十一日熄滅，但為了不破壞大家慶祝再次取得奧運主辦權的喜悅和興緻，他什麼都不能說。後來捱不過誠信的煎熬，才在四年後將事實說出來。

鹿兒島政府官員後來也證實東京奧運聖火熄滅是真的，並說明後來的火種，是隔月在一個露營地用放大鏡聚焦太陽光引燃的。有趣的是，如果這名官員說的是真的，那麼東京奧運聖火延續時間應該長達將近五十年，而非竹內家聖火熄滅的二十年。這實在是一個值得深入考究的議題。

目前鹿兒島保存一九六四年東京奧運聖火的地方，已立下告示牌，告知這把聖火是「贗品」。

原爆之子

一九六四年十月十日東京奧運開幕典禮當天，來自希臘奧林匹克發源地的聖火在亞洲地區巡迴傳遞後，終於在霞丘國立競技場點燃（即二〇二〇年東京奧運舉行開幕式的新國立競技場原址）。擔任最後一棒的火炬手人選，事前許多人預測擔任這個榮銜的人，可能會是亞洲第一位在奧運會贏得個人金牌的織田幹雄（1905-1998），或是曾經締造三級跳遠世界紀錄的南部忠平（1904-1997）；也有人猜是被喻為「日本馬拉松之父」，第一位代表日本參加奧運會（一九一二年斯德哥爾摩奧運）的選手金栗四三（1891-1983）。沒想到最後答案完全出乎大家意料，擔任這項神聖任務的人，是一位早稻田大學的十九歲男學生。

這位名叫坂井義則（1945-2014）的早稻田大一學生，是一名田徑選手，最擅長的項目是四百公尺，不過他在一九六四年日本國家代表隊選拔賽只拿到第四名，未能取得國家代表隊的資格。正在他遺憾未能參加東京奧運之際，他的生日卻讓他得到東京奧運會開幕典禮點燃聖火的榮銜。來自廣島三次市的坂井，出生於一九四五年八月六日，正是廣島原子彈爆炸當天。根據詳細考察，坂井出生的時間在原子彈爆炸後的一個半鐘頭。

當年東京奧運組委會挑選坂井義則擔任聖火點燃者，就是要記取侵略、戰爭的慘痛代價，強調唯有和平才是人類和諧共生的最大價值，並由年輕新生代帶領日本走向新世代。當時剛卸任的日本奧會主席田畑政治（1898-1984），從一開始就肯定這個以和平為出發點的構想，並利用人脈和關係爭取官方的支持。

對於這項選擇，日本國內一片贊同，認為具有劃時代意義。不過當時

1964 年東京奧運聖火引燃者坂井義則於 1945 年 8 月 6 日原子彈爆炸當天出生於廣島，獲選原因是為了強調和平為人類核心價值。（攝自日本奧林匹克博物館）

1964 年東京奧運聖火傳遞跑者服裝，包括引燃者坂井義則都穿同一款式，現保存於日本奧林匹克博物館。（攝影／劉善群）

2 1
3

1. 1964 年東京奧運聖火自希臘奧林匹亞引燃後，裝置聖火火種的油燈。（攝影 / 劉善群）

2. 1964 年東京奧運聖火火炬。（攝影 / 劉善群）

3. 1964 年東京奧運聖火傳經廣島原子彈爆炸點的歷史畫面。（攝自日本奧林匹克博物館）

美國政府對這項決定相當不悅，主流報紙則批評坂井是「原爆之子」，是廣島原子彈爆炸的倖存者，質疑選坂井點燃奧運聖火，是不是有悼祭亡者的意味？

坂井義則入選東京奧運聖火點燃者的消息，當時還引發了一場媒體大戰。有位自稱是朝日新聞的記者捷足先登，到廣島的坂井家要他一起去東京一趟，涉世未深的坂井不疑有他，就搭上前往東京的火車。但坂井一搭上車就發現事情不對勁，車上一直廣播「來自廣島的坂井義則先生請您下車」，但朝日新聞的記者說什麼也不讓他下。

後來日本所有的媒體都堵在大阪車站要攔截坂井，但朝日新聞記者卻在大阪前一站就和坂井下車，並搭專車前往大阪的朝日新聞總社（一八七九年一月二十五日於大阪創刊）。坂井在大阪看到大街小巷都在派發著「坂井義則最終火炬手」內定的號外，顯然朝日新聞在這則新聞上打了一場漂亮的勝仗。

接著朝日新聞又用專機將坂井送往東京，為避免消息走漏，朝日新聞把坂井在箱根旅館「軟禁」三天，直到帶他到東京霞丘國立競技場拍攝一組照片後才放了坂井。坂井曾回憶說，這簡直是一場「綁架事件」。他被「放」了後看到NHK的午間新聞，頭條就是他行蹤不明的消息，當時在日本造成極大轟動。

坂井並沒有因為這則「擄人事件」對新聞工作起反感，在一九六八年自早稻田大學畢業後，坂井進入富士電視台擔任體育記者。

至於先前提到的織田幹雄和南部忠平這兩位日本奧運英雄，在東京奧運的開幕典禮上也看到日本人對他們的尊崇。

織田幹雄代表日本參加過一九二四年、一九二八年和一九三二年三屆奧運會，其中一九二八年在荷蘭阿姆斯特丹舉行的奧運會上，織田以十五公尺二一的成績贏得男子三級跳遠的冠軍，並且成為第一位在奧運摘下個人金牌的亞洲選手，在日本被譽為田徑之神。一九三一年，織田幹雄更以十五公尺五八的佳績改寫了三級跳遠的世界紀錄。

一九六四年東京奧運開幕典禮上，國際奧會的五環會旗被升起的高度正好是十五公尺二一，就是為了對織田幹雄在阿姆斯特丹奧運摘金的偉大

1964 年東京奧運會開幕典禮，國際奧會會旗以織田幹雄所創下的三級跳遠世界紀錄的長度，作為旗竿的高度。（擷自日本奧林匹克博物館）

織田幹雄 15.21 公尺三級跳遠世界紀錄究竟有多遠，日本奧林匹克博物館特別在門口廣場做了三步的標誌，第三步正好落在右邊草坪的地燈處。（攝影 / 劉善群）

成就致敬。

另一位三級跳遠奧運金牌得主南部忠平，他曾兩次打破世界紀錄。一九三二年洛杉磯奧運的三級跳遠，南部忠平以打破世界紀錄的十五公尺七二戴上桂冠；一九九二年，國際奧林匹克委員會曾頒贈銀質的奧林匹克勳章給南部，表彰他在田徑運動的不凡成就。

一九六四年東京奧運會開幕典禮，南部忠平就在日本代表團的隊伍中，他是日本國家代表隊的總教練。

至於日本「馬拉松之父」金栗四三，他和三島彌彥（1886-1954）是日本第一批參加奧運會的選手（日本只籌到兩人參賽的經費），他在一九一二年瑞典斯德哥爾摩奧運會創下一項奇葩紀錄，奧運史上最慢的馬拉松紀錄。到底有多慢，五十四年又八個月！

斯德哥爾摩奧運的馬拉松賽是在北歐難得出現的攝氏四十度高溫下進行，六十四位參賽選手有一半以上中暑。金栗四三在比賽中不耐酷暑失去知覺倒地，被當地農家救起並照料，醒來後已是隔天。因金栗沒有通知比

1. 日本馬拉松之父金栗四三創下奧運馬拉松 54 年 8 個月又 6 天 5 小時 32 分 20 秒的奇葩紀錄，日本奧林匹克博物館還特別展示這個有趣的事件。（攝影／劉善群）

2&3. 1966 年，已 76 歲的金栗四三應邀回瑞典完成馬拉松賽事。（翻攝自 NHK G）

賽單位就逕自返回日本，斯德哥爾摩奧組委只能把他列為失蹤人口。（當時是一九一二年，民國元年，沒有電腦連線，這事是可能發生的）

直到一九六六年，瑞典奧委會有人發現金栗四三還健在，而且還參加過一九二〇年安特衛普奧運和一九二四年巴黎奧運，於是瑞典電視台邀請金栗四三回到斯德哥爾摩完成比賽，當年已七十六歲的金栗四三也接受邀請，最後以五十四年八個月又六天五小時三十二分二十秒完賽，創下這奧運馬拉松史上的奇葩紀錄。

金栗四三賽後打趣說，這路實在夠長，這期間我已經有五個孫子了！

夢幻奧運

提起東京奧運，年輕人想到的都是即將到來的二〇二〇年東京奧運；年長的一輩則是亞洲第一次舉辦奧運盛會的一九六四年東京奧運。然而，在日本人心目中卻深埋著一個「夢幻奧運」，它比一九六四年東京奧運早二十四年，但因為軍國主義者發動了對華侵略的「七七盧溝橋事變」，使得一九四〇年的東京奧運主辦權被迫取消，改由芬蘭赫爾辛基接手，八十年前由日本舉辦奧運終就成為幻夢一場。

現代奧林匹克運動會從一八九六年第一屆雅典奧運開始，每四年舉辦一次夏季奧運，二〇二〇年東京奧運是第三十二屆。不過其中因為第一次和第二次世界大戰停辦過三屆，分別是一九一四年由德國柏林舉辦的第六屆，一九四〇年芬蘭赫爾辛基的第十二屆和一九四四年英國倫敦的第十三屆。

在一九四〇年之前，奧林匹克運動會從未在歐美之外的國家舉行，一九三二年日本在洛杉磯舉行的國際奧林匹克委員會（IOC, International

Olympic Committee）大會上，正式表達爭取一九四〇年奧運會的主辦權。

日本這麼積極爭取舉辦第十二屆奧運會，是因為一九四〇年（昭和十五年）正好是日本皇紀二六〇〇年，也就是第一代天皇神武天皇即位滿兩千六百年，對日本人極具意義，日本全國上下齊力相挺。一九三六年在德國柏林舉行的IOC大會上，日本脫穎而出，擊敗芬蘭的赫爾辛基和義大利的羅馬，取得一九四〇年東京奧運主辦權，日本舉國歡騰，立即展開各項奧運建設工程。

從二〇二〇年反推到一九四〇年，日本早在八十年前就可能成為奧林匹克運動史上，第一個舉辦奧運的亞洲國家。但因為一九三七年發動盧溝橋事變和後來的侵華戰爭，軍閥們窮兵黷武的侵略行為遭到內外交相指責。對內因為戰爭造成的經濟緊張及物資不足，民眾和輿論開始對舉辦奧運會大大降低支持度；對外則是歐美國家全面抨擊日本的侵略行為，要求取消日本的奧運主辦權。

由於戰爭造成建築鋼材嚴重缺乏，導致建設奧運比賽場地的工程進度大大落後，當時的日本內閣不得不在一九三八年七月宣布放棄奧運會主辦權。

因為戰爭，讓日本吞下喪失奧運主辦權的苦果。一直到一九六四年的戰後重建和復甦，才真正實現舉辦奧運會的美夢，前後足足晚了二十四年。

一九六四年東京奧運時，日本許多報刊都舉辦散文或新詩徵文，有一則投稿對開幕典禮寫得十分婉轉但又寓意十足：

「一面又一面總共九十四面國旗，

當中一些說不定還曾相會於沙場。」

被下毒的鐵人

一九六四年日本東京奧運會，如果要選出和台灣有關的一件大事，那我會把票投給參加田徑十項全能競賽的楊傳廣（1933-2007）事件。他原本非常有希望成為台灣第一位贏得金牌的奧運英雄，但是當時在兩岸政治軍事對峙、爾虞我詐的氛圍下，奧運金牌對國民黨政府是何其重要，共產黨方面則是千般萬般不樂見台灣有此成就，楊傳廣在這場政治鬥爭中成為犧牲品，由共諜給的飲料毀了他的金牌夢。

這個事件在兩岸間各有說詞，台灣內部有人說他因十項全能計分方法改變無法再有好表現，甚至說他好酒貪杯；大陸方面則說這是國民黨當局丟了面子下的推託藉口。雖說如今鐵人已遠，從東京潛逃至大陸的當事人馬晴山也未證實，但從相關的蛛絲馬跡中，仍可嗅出其中的詭譎。

我在擔任台視體育部主播時，特地前往左營訓練中心向楊傳廣求證，他嚴肅地發誓說，他真的是被代表團的隊友馬晴山下了毒，絕非他因為表現不好的推託之詞。

楊傳廣的「亞洲鐵人」封號，來自一九五四年在菲律賓馬尼拉舉行的第一屆亞洲運動會，當年才二十一歲的阿美族青年勇奪男子十項全

1964 年東京奧運開幕典禮，我國代表團由十項全能選手吳阿民擔任掌旗官。當年代表團名稱，英文為 TAIWAN，漢字為中華民國。（翻攝自 IOC 紀錄片）

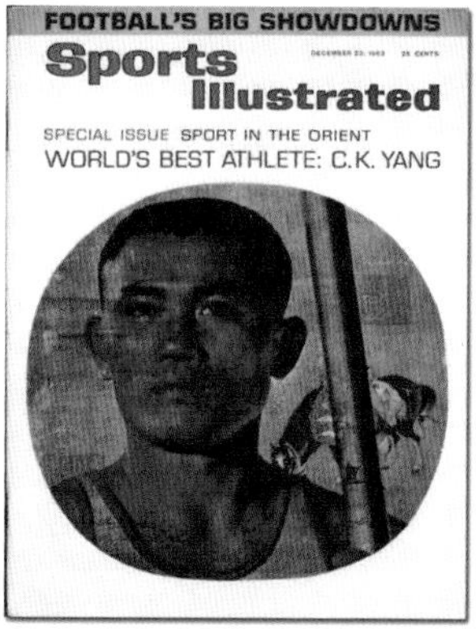

「亞洲鐵人」楊傳廣榮登 1963 年美國運動畫刊年度最佳運動員封面人物。（翻攝自運動畫刊）

能冠軍，被菲律賓當地的報紙稱為「Iron Man of Asia」，鐵人封號自此誕生。

早在前一屆的一九六〇年義大利羅馬奧運會，楊傳廣和他UCLA的同學強生（Rafer Lewis Johnson, 1935-）精彩拚搏，一直到最後一項的一千五百公尺才分出軒輊，最後強生金牌，楊傳廣摘銀，兩人的成績都打破奧運紀錄。當一千五百公尺比完，強生在終點將頭靠在楊傳廣的肩膀上，英雄惜英雄的畫面感動全場，觀眾們甚至大聲喊出給他們倆都是金牌吧！兩人當年激烈的交手過程和畫面，至今仍是奧林匹克運動史上最經典時刻之一。

楊傳廣是台灣第一位在奧運會上贏得獎牌的運動員。強生則是在一九八四年的洛杉磯奧運，膺選為聖火最後一棒的點燃者；也曾在007電影《殺人執照》演出。

羅馬奧運會結束後，楊傳廣表現如日中天，尤其在東京奧運會的前一年，以九一二一分打破男子十項全能運動的世界紀錄，國際田徑總會也因為楊傳廣的成績太驚人，特別修改十項全能的計分方法。一九六三年國際知名體育雜誌運動畫刊（Sports Illustrated），特別在年終最後一刊將楊傳廣選為封面人物，並封他為年度世界最佳運動員。

一九六四年東京奧運會前夕，三十一歲的楊傳廣被全球一致看好最有希望贏得奧運十項全能金牌。由於十項金牌是奧運所有比賽項目中的重中之重，總共要比十項競賽才能摘下金牌，楊傳廣身上背著全台灣人的期待。蔣介石總統也格外重視楊傳廣在東京奧運的出賽，特別派了兩名侍衛保護他，但沒料到見縫插針、遇洞灌水的共諜就混在代表團當中，防不勝防。CK的金牌夢幻滅在東京霞丘的國立競技場，最後只獲得第五名。

（註：楊傳廣的友人都稱呼他CK）

楊傳廣被下毒的過程就像諜報片一樣精彩。CK回憶說，當時代表團到了東京，射擊代表隊一位名叫馬晴山的選手，他們兩人並不熟，但馬晴山對他非常熱切，不但練習時常替他加油打氣，還提供飲料給他解渴。

結果壞就壞在這飲料上。

就在十項全能競賽開始的前兩天，CK因為喝了馬晴山給他的飲料後，全身癱軟，怎樣都提不起勁來比賽，即使在賽場拚盡了全身的力量，還是無法表現出平常的實力。被下了毒的鐵人，在奧林匹克運動會折桂摘冠、登峰造極的夢想自此破滅，腦中留下一堆謎團。

楊傳廣被馬晴山下毒的事件，隨著東京奧運會結束的返台前兩天，馬晴山與體育考察團攝影官陳覺在日本消失，並傳出他們已經投共之後，才使鐵人被下毒的事件浮上檯面。一位情治單位官員告訴CK，根據他們追蹤調查，楊傳廣在東京被下毒確有其事，而且同案另有四人在台灣被逮捕。

馬晴山是中華民國陸軍，一九四九年隨著政府來台，因射擊項目入選東京奧運代表隊，在男子手槍項目名列第五十三名。馬晴山在東京消失後向蘇聯駐日本大使館尋求政治庇護。根據維基百科記載，馬晴山和陳覺是在日本的華僑總會組織部長博仁特古斯，以及日本社會活動家鈴木一雄的協助下，一九六四年十一月由山口縣下關港搭乘挪威貨輪前往中國大陸。

馬晴山抵達大陸後，曾回到故鄉遼北省（東北九省時期）哲里木盟通遼市訪問。中共體委主任賀龍對他禮遇有加，總理周恩來甚至邀他到家中作客。馬晴山之後也加入中華人民共和國射擊代表隊，還擔任過現代五項代表隊的領隊及總教練，最後是以遼寧省體委副主任的身分退休。對於楊傳廣被下毒事件，馬晴山並未證實。

這起鐵人被下毒事件，也牽扯到當年的東京奧運代表團安全官范子文，他被懷疑是滲透在台灣的共諜。范子文在蔣介石時期曾任調查局第四處處長，因為其他案情被檢舉是中共關係人而被捕。不過在國防會議祕書長顧祝同上將向蔣經國陳情，范子文免於一死，但他仍因為私藏槍械案被處六年半徒刑。另有一說是，范子文是因調查局的內鬥才導致如此下場。

楊傳廣在一九六四年東京奧運未能摘下十項全能的金牌，背後竟然是一個複雜的大時代故事。距今一百二十四年的現代奧林匹克運動史上，楊傳廣是最有希望、而且是最靠近奧運男子十項全能金牌的亞洲人。二〇二〇年奧運再度由東京舉辦，如何不讓人再度想起傳奇鐵人五十六年前所發生的一切。

CK後來的生涯起伏頗大，曾經代表國民黨進入國會殿堂當立法委員，也曾代表民進黨選過台東縣縣長（落選），更出乎意料地擔任過乩童。生鏞的鐵人如此際遇，政治的利用與拋棄以及政府的照顧不周，皆難辭其究。

東洋魔女與赤腳大仙

一九六四年東京奧運會，地主國日本表現相當優異，總共摘下了十六面金牌，排名第一的美國獲得三十六面金牌，蘇聯三十面排名第二。其中最令日本振奮和難忘的金牌，要屬由「東洋魔女」拿下的女子排球冠軍。

東京奧運的排球和柔道比賽，都是第一次在奧運會中被列為正式競賽項目，日本在這兩個項目都大放異彩。柔道在四項決賽奪得三面金牌；男、女排球表現也很出色，男子隊獲得銅牌，女子隊摘金。日本政治史上任期最長的眾議會議長河野洋平（1937-，曾任日本陸上競技聯盟主席），當被媒體問到當年東京奧運什麼事最令他難忘，河野毫不考慮地回答：女子排球擊敗蘇聯摘下后冠。

率領「東洋魔女」贏得奧運冠軍的關鍵人物是總教練大松博文（1921-1978），這位以魔鬼式嚴格訓練著稱的傳奇教頭，他原本是貝塚紡織廠的採購部經理，與排球的淵源只有在高中時打過排球。但他從選球員、訓練到新創技術，是日本女排能登上世界之巔的主要原因。

大松向工廠承諾，他將會把球隊帶向全日本冠軍和世界冠軍，有人卻不以為然。他從紡織廠一千二百四十二位女作業員挑出十六名球員，這些球員每天從早上八點上班到下午三點半，下午四點開始訓練一直到晚上。大松採用「大強度、高密度」訓練法，訓練過程嚴厲的程度讓女球員各個苦不堪言，甚至一度引起勞工團體的強烈抗議。但大松用日本企業排球賽、全日本綜合排球賽和日本國家體育大會三項冠軍，證實他在球隊成立的當時並非口出狂言。

大松博文曾在國際排壇創下連勝一七五場的傲人紀錄，一九六二年的世界杯和一九六四年奧運，他率領這批球員登上榮耀之巔，贏得世人對他的尊崇。一九六四年東

「東洋魔女」魔鬼教頭大松博文，在日本女排擊敗蘇聯贏得金牌，當場流下百感交集的淚水。（翻攝自 NHK G）

日本女子排球隊 1964 年在東京奧運奪得第一面金牌，「東洋魔女」稱號揚威國際。（攝自日本奧林匹克博物館）

京奧運，日本女排在決賽力克尋求四連霸的蘇聯，贏得奧運史上第一面女子排球金牌，使「東洋魔女」享譽全球。

不過「東洋魔女」這個名號在東京奧運之前就有，一九六一年大松博文率領貝塚女排隊巡迴歐洲比賽，連勝二十二場的戰績震撼歐洲排壇，當時的蘇聯媒體就曾經以「東洋魔女」稱呼。

日本女排贏得奧運冠軍之後，還發生了一起首相做媒的趣聞。當時三十一歲的隊長河西昌枝被安排與當時的首相佐藤榮作（1901-1975）會面，談話中河西昌枝表示，為了爭取奧運最高榮譽，她每天都接受魔鬼式嚴格訓練，根本沒機會談戀愛，甚至都不知道該如何與男性單獨相處。佐藤首相聽到這件事之後決定充當月老，安排河西昌枝和中村和夫相識，結果兩人真的結成連理，留下這段首相做媒的佳話。

「赤腳大仙」的故事則發生在日本人最喜愛的馬拉松比賽。來自衣索匹亞的阿貝貝．比奇拉（Abebe Bikila, 1932-1973），他在東京奧運男子馬拉松比賽贏得冠軍，是奧運史上第一個在這個最古老的競賽項目衛冕成功的選手。

衣索比亞選手阿貝貝贏得 1964 年東京奧運馬拉松金牌，成為奧運史上首位衛冕成功的馬拉松冠軍。（翻攝自 IOC 紀錄片）

阿貝貝來自貧窮家庭，父親是牧羊人，他在十七歲時為了節省家中開銷而入伍加入侍衛隊。衣索匹亞的侍衛隊各個都能跑，阿貝貝就是在這裡開啟他的長跑天賦，不過他一直到二十三歲才開始接受正規的長跑訓練。阿貝貝回憶説，當他看到一九五六年澳大利亞墨爾本奧運會的開幕典禮時，他才開始思考將跑步當成一生的志業。

一九六〇年義大利羅馬奧運會，阿貝貝因為原國家代表隊的選手受傷，幸運地在臨陣換將的情形下取得奧運參賽資格。不過比賽期間，贊助廠商提供的跑鞋不合腳，他索性在馬拉松比賽時打赤腳上陣，引發全球觀眾的好奇，並且以二小時十五分十六秒的成績勇奪馬拉松桂冠，「赤腳大仙」的封號自此全球知名。

一九六四年的東京奧運會，阿貝貝再度代表

衣索匹亞參加馬拉松賽，這位傳奇人物又有精彩故事。阿貝貝在比賽前四十天才動了盲腸手術，但天賦異秉的他卻以刷新世界紀錄的二小時十二分十一秒衛冕成功，成為奧運馬拉松賽第一位完成連霸的選手，成績比原紀錄快了四分鐘。

不過後來阿貝貝因為酗酒導致表現大幅滑落。一九六八年墨西哥奧運他第三度參加奧運馬拉松賽，結果他根本沒跑完，在十七公里的地方就因傷退出比賽。

更不幸的是，一九六九年阿貝貝因一起車禍下半身癱瘓，自此必須以輪椅代步。

不過天性樂觀的阿貝貝並沒有被意外擊垮，繼續勇敢面對人生，他開玩笑地向教練說，他會在帕運上拿下馬拉松冠軍。一九七〇年他於倫敦治療期間，在身障運動賽會中參加射箭和桌球兩項比賽。

阿貝貝曾感性地說過，上帝給他跑步的能力，他接受；上帝給他這場意外，他也接受。一九七三年，阿貝貝因腦溢血去世，年僅四十一歲。

我們在這段開頭曾提到，柔道和排球是一九六四年東京奧運新增的比賽項目，柔道四項決賽日本拿了三面金牌，唯一沒拿到的那面也有故事。

柔道在日本屬於傳統競技，在奧運被列為正式比賽項目更是舉國矚目。這屆東京奧運，柔道共設輕量級、中量級、重量級和無差別級四項，前三項日本都已金牌在握。無差別級比賽日期定在閉幕典禮當天，代表日本出賽的選手名叫神永昭夫，對手則是來自荷蘭的安東．吉辛克（Anton Geesink）。神永的身材比平常日本人要魁梧一些，技術更是精湛，但吉辛克身高將近兩百公分，體重一百二十公斤，在體型上吉辛克佔了上風。

比賽的地點設在可以容納一萬七千名觀眾的武道館，全日本國民也都守在電視機前看直播，準備迎接神永昭夫為東京奧運帶來完美的關門大喜。但胳臂畢竟扭不過大腿，神永即使在全日本國民集氣下出賽，但終就因體型太懸殊而落敗。

神永昭夫輸了比賽，日本人相當難過，甚至有人放聲大哭，吉辛克的荷蘭隊友準備衝上台去舉起吉辛克慶賀，但故事就在這個時候發生。吉辛克揮手阻止了隊友上台，並且轉過身去向神永昭夫深深地一鞠躬，這一幕大大地感動日本觀眾，並且全部起立為吉辛克這個舉動致敬，熱烈的掌聲在武道館繚繞不絕。

吉辛克因為這個舉動，也成為全日本最有名的荷蘭人。這段故事曾經在日劇《奧運的美食》中提到。

日本人的民族特性也在東京奧運結束後發生憾事，男子馬拉松名將圓谷幸吉和女子跨欄好手依田郁子，都因為表現辜負國人期望，最後都以自殺謝罪。其中圓谷幸吉在馬拉松跑進霞丘國立競技場時，只落後阿貝貝排名第二，但不料在抵達終點之前被英國選手迎頭趕上，銀牌變成了銅牌，全場加油的觀眾也訝異不已。圓谷因這個結果引以為恥，以自殺結束一生。

Phase 2 跨越世紀

從昭和到令和

包括二〇二〇東京奧運會在內，日本總共四度承辦夏季和冬季奧林匹克運動會。前三次分別為一九六四年的東京奧運、一九七二年的札幌冬運以及一九九八年的長野冬運。二〇二〇年東京奧運是日本進入二十一世紀後的第一次，格外受到矚目。這四屆奧運日本總共歷經了裕仁、明仁和德仁三位天皇，年號從昭和、平成到令和。

昭和天皇裕仁（1901-1989）是日本第一百二十四代天皇，任內發生兩項重要的世界大事，一為二次世界大戰和侵略戰爭，二為舉辦東京奧運。日本讀賣新聞曾在二〇一一年舉辦「昭和時代的象徵」民意調查，排名最高的正是這兩件令人記憶深刻的大事。但日本人選擇了美好的記憶，將一九六四年東京奧運選為昭和時代第一象徵。

五十六年前的東京奧運會，被日本全國上下視為是劃時代的大事，積極想走出二戰慘敗的痛苦過往，用經濟騰飛告訴世人日本已走向復興之路，奧林匹克運動會是最好的展現舞台。

現實上，日本在東京奧運前推出從東京到新大阪的子彈列車，這是世界第一條高速鐵路；奧林匹克史上第一次有彩色電視轉播，也是從東京奧運開始。無論是科技或現代化建設，日本迅速從戰後復甦，向全世界宣告日本有晉身世

1964年 東京オリンピック決る
一回で34票獲得
聖火、アジアに初めて
IOC総会
冬季はインスブルック
ブランデージ会長
突如発表「トウキョウ！」
代表団の喜びをきく
ミュンヘン＝本社国際電話

東京於1959年5月在慕尼黑舉行的國際奧會IOC會議上，擊敗底特律、維也納和布魯塞爾，贏得1964年奧運會主辦權，成為亞洲第一個舉辦奧運會的國家。圖為當年日本讀賣新聞的報導。（翻攝自IOC資料照片）

界大國的堅強實力。

昭和天皇裕仁在一九二六年十二月即位，一九三二年日本就在洛杉磯取得一九四〇年的東京奧運主辦權。後來因為日本發動盧溝橋事變侵略中國，引起世界各國批評和抵制而取消，轉由芬蘭赫爾辛基舉辦，但這屆奧運終因第二次世界大戰全面爆發而中止。

昭和天皇裕仁與奧運相當有緣，日本在他任內就舉辦過兩次奧運，一九六四年東京奧運和一九七二年札幌冬季奧運。裕仁兩度登上奧運開幕典禮舞台，代表日本宣布奧林匹克運動會正式展開。

根據國際奧委會規定，國家元首

1964 年還是皇太子的明仁，與美智子妃出席東京奧運會觀賽。（翻攝 NHK-G）

日本昭和天皇宣布 1964 年第 18 屆東京奧林匹克運動會正式開幕。（翻攝自 NHK G）

1964 年東京奧運開幕典禮

宣布奧運開幕，不管用任何語言，都不能超出「我宣布〇〇（城市名）第〇〇屆奧林匹克運動會開幕」這個範圍。

一九九〇年即位的明仁（1933-），是日本第一百二十五代天皇（二〇一九年退位為上皇），但他平成的年號一揭開序幕，日本正好泡沫經濟崩潰，高經濟成長的榮景終結，開始步入「失落的二十年」。

明仁天皇在皇太子時期就出席了一九六四年東京奧運開幕典禮，同時也擔任當屆帕運的榮譽主席。即位後明仁也曾在一九九八年長野冬季奧運宣布賽會正式展開。二〇一三年日本搶下二〇二〇東京奧運主權，也是在明仁的任內。

明仁天皇熱愛網球運動，他和皇后美智子因為網球而結下良緣。身為平民的正田美智子，年輕時網球技術頗佳，還在比賽中打敗了皇太子明仁，讓明仁此後以約打球為由展開追求。

其實明仁天皇是有機會出席二〇二〇年的東京奧運開幕，但因年事已高，選擇生前退位，將宣布奧運開幕的任務讓給了繼任的德仁天皇。明仁的生前退位引發許多議論，有一說是他希望在後平成時代刺激日本經濟，引發日本人對平成商品的收藏與搶購。另有一說比較不吉利，八十七歲的明仁天皇身體狀況大不如前，萬一在奧運期間有個三長兩短，國殤和奧運同時舉行是必須避諱的。

第一百二十六代天皇德仁（1960-），年號令和，二〇一九年十一月即位。德仁將代表日本宣布第三十二屆奧林匹克運動會正式揭幕。

德仁是國際上公認的親民皇族，曾在牛津大學攻讀碩士，能說英文、法文和西班牙語，與各國王室成員、領袖多有來往。德仁喜歡的運動是跑步和健行，據說一圈五千公尺的日本皇居，他用二十七分鐘左右就能跑完，體能狀況不錯。

日本宮內廳在二〇一九年七月宣布，德仁天皇將同時擔任奧運和帕運的榮譽主席，並在二〇二〇年東京奧運和帕運的開幕典禮致詞。由同一位天皇擔任奧運和帕運的榮譽主席，這在日本奧林匹克運動史上還是頭一遭。

一九六四年東京奧運，榮譽主席是昭和天皇，帕運榮譽主席由皇太子明仁擔任；一九九八年長野冬運，榮譽主席是明仁天皇，皇太子德仁是帕運的榮譽主席。

日本媒體報導，由德仁天皇同時擔任東京奧運和帕運的榮譽主席，就是要提升帕運的地位，平等對待奧運和帕運的所有運動員。

實際掌握日本政治大權的首相，也和二〇二〇年東京奧運有關聯。現任首相安倍晉三，二〇一五年在日本民眾及政界壓力下做出決斷，撤換札哈・哈蒂天價三千億日圓的主場館建設方案。熱愛橄欖球運動的前首相森喜朗，則是擔任第三十二屆東京奧運會組委會主委。

半世紀間，日本和東京改變了什麼？

一九六四年東京奧運會和二〇二〇年東京奧運會，兩屆之間相差了五十六年，也就是超過半個世紀，東京這座城市在這期間起了什麼樣的變化？一九六四年的東京奧運讓日本從二戰之後的衰弱走向振興，都市規劃、交通建設、科技發展和經濟騰飛，都使東京和日本起了翻天覆地的變化，之後一路從一個亞洲島國躋身進入世界強國之列。五十六年之後，東京再度舉辦奧運會，世界強國、經濟大國都已經名符其實，但這次日本和東京再度舉辦奧運，他們圖的是什麼？

一九六四年東京舉辦奧運時，一棟超過一百公尺高的建築物都沒有；二〇二〇年的東京，超過一百公尺的摩天大樓超過一百五十棟。

一九六四年東京奧運前，日本開通從東京到新大阪的世界第一條高速鐵路——新幹線；二〇二〇年從東京出發的新幹線遍及全日本，讓日本從南到北成了一日生活圈。

一九六四年東京奧運時的首都高速公路只有三十幾公里；二〇二〇年的東京和周邊區域，已織成超過三百公里的公路網。

一九六四年東京都會區的人口大約在一千萬人；二〇二〇年東京都會區的人口將近有四千萬人。

一九六四年全日本的GDP（國民生產總額）為八一七億五千萬美元；二〇二〇年之前（二〇一八年）光是東京的GDP就超過一兆美元，僅以些微差距落後紐約，名列世界第二。

一九六四年東京奧運會參賽國為九十四國，競賽項目十九個大項，

世界第一條高速鐵路——日本新幹線，1964 年東京奧運會前開通東京 - 新大阪段。（翻攝自 NHK G）

1964 年東京奧運前，日本開通了多條首都高速公路及高架橋。（翻攝自 NHK G）

1964-2020日本外國觀光客人數

年度	外國觀光客人數（萬人）
1964	35.3
1970	85.4
1980	131.7
1990	323.6
2000	478.7
2010	861.1
2013	1036.4
2015	1973.7
2016	2403.9
2017	2869.1
2018	3119.2
2020	4000(預估)

資料來源：日本政府觀光局

一百六十三個小項；二〇二〇年東京奧運會參賽的國家和地區達二百〇四支隊伍，競賽項目三十三個大項，三百三十九個小項。

一九六四年東京的外來觀光客有三十五．三萬人次；二〇二〇年東京外來觀光客將比五十六年前預估成長一一三倍，可望突破四千萬人次。

一九六四年當時東京最著名的地標是東京鐵塔（一九五八年十二月落成）；二〇二〇年東京的地標除了東京鐵塔外，還有晴空塔遙遙相對（晴空塔二〇一二年五月啟用）。

光看上列這些數據，無論從基礎建設、都會人口、經濟數字或觀光人數來看，半個世紀間的東京有著飛躍式的成長。半世紀前東京主辦奧運會，日本政府和東京市總共用了一兆日圓來興建比賽場館和相關基礎設施；半個世紀後東京再度舉辦奧運，總投入約十兆日圓。光從經濟數據來看，二〇二〇年東京奧運所產生的經濟效益稍有遜色。

一九六四年東京奧運所產生的經濟效益讓全世界亮眼，投入經費一兆日圓佔當時日本GDP規模二九．五兆日圓的三．四％，雖然隔年遇上「昭和四十年」的不景氣，但仍推動日本經濟持續成長五十七個月。如今，在全球經濟景氣放緩、通貨膨脹以及世界局勢動盪詭譎等變動因素下，二〇二〇年東京奧運投入的十兆日圓預算，只相當於GDP規模的一．五％—一．八％。

日本首相安倍晉三用他的「三支箭」有效提振日本經濟。但東京奧運在預算處處被卡關或刪減，事事要求撙節使用、量入為出的緊縮情況下，什麼樣的「箭」才能讓東京奧運會不至於虧錢呢？

東京奧運會組委會主委、同時也是前日本首相的森喜朗，找來了日本前大藏省財務事務次官、前日本銀行的副行長武藤敏郎（1943-）來擔任東京奧組委的CEO，希望藉著武藤敏郎數據管理的專才，讓二〇二〇年東京奧運在裡子和面子上都要能過得去。武藤敏郎目前是日本著名經濟分析機構株式會社大和總研的理事長，森喜朗也希望透過武藤敏郎的資源和人脈，讓東京奧運能夠舉辦成功。

根據瑞穗綜合研究所統計，過去七屆奧運的主辦國，只有一九九二年西班牙在巴塞隆納奧運之後，陷入景氣衰退；有四個國家在奧運隔年的GDP不如奧運年，但仍維持正成長。

一九九二年西班牙巴塞隆納奧運，一九九二年GDP成長〇・九％，隔年一・三％。

一九九六年美國亞特蘭大奧運，一九九六年GDP成長三・八％，隔年四・四％。

二〇〇〇年澳大利亞雪梨奧運，二〇〇〇年GDP成長三・一％，隔年二・六％。

二〇〇四年希臘雅典奧運，二〇〇四年GDP成長五・一％，隔年〇・六％。

二〇〇八年中國大陸北京奧運，二〇〇八年GDP成長九・六％，隔年九・二％。

二〇一二年英國倫敦奧運，二〇一二年ＧＤＰ成長一．四％，隔年二．〇％。

二〇一六年巴西里約奧運，二〇一六年ＧＤＰ成長負三．五％，隔年一．〇％。

外部環境的影響，是奧運主辦國隔年ＧＤＰ成長比奧運當年低的原因。一九九二年西班牙遇上了「黑色星期三」，英磅大貶導致歐洲貨幣風暴；二〇〇〇年澳大利亞是因隔年全球網路泡沫化；二〇〇八年中國大陸則是因為全球金融海嘯。二〇〇四年希臘不是因為外部環境，而是因為舉辦奧運投入太多硬體建設，導致隔年ＧＤＰ成長趨緩。

翻開奧運歷史，二十世紀辦過奧運兩次的城市有倫敦、巴黎和洛杉磯。進入廿一世紀，倫敦已經在二〇一二年辦了第三次奧運，巴黎和洛杉磯也將分別在二〇二四年和二〇二八年第三度舉辦奧運會。東京會在二〇二〇年再度主辦奧運會，其實和倫敦、巴黎和洛杉磯一樣，就是在城市變身再進化的前提下，提振國家ＧＤＰ和增加外來觀光人口兩項經濟效益。

從過往希臘雅典、中國大陸北京和英國倫敦的主辦奧運經驗來看，當國家取得奧運主辦權之後，外國觀光客的人數就會明顯增加，並在奧運當年達到最高峰。在奧運結束後，國外觀光客人數仍有一定程度的增加。希臘雖然在舉辦奧運的隔年GDP成長率放緩，但在外國觀光客的人數上還是有明顯提升。

日本首相安倍晉三打出觀光立國政策，就是希望藉由東京奧運會的舉行，提升日本觀光產業和經濟收入效益。日本本身在觀光產業的發展一向名列世界前矛，世界經濟論壇（WEF）在二〇一九年九月公布的「二〇一九年旅遊業競爭力報告」，日本的旅遊競爭力是世界第四、亞洲第一，僅次於西班牙、法國和德國，領先美國、英國、澳大利亞、義大利、加拿大和瑞士等先進國家。安倍首相打這張奧運觀光牌是很有底氣的。

二〇一三年，日本東京在阿根廷布宜諾斯艾利斯的國際奧委會大會上取得奧運主辦權後，當年日本外來觀光人口總數為一〇三六萬四千人次，之後逐年攀升，二〇一六年就突破二千萬人次大關，來到二四〇三萬九千人次；二〇一八年超越三千萬人次，達到三一一九萬二千人次。二〇二〇年東京奧運，日本政府普及即時翻譯系統、放寬簽證法規、增加國際航班連結，再透過網路全球行銷東京奧運和日本觀光，目標在二〇二〇年外國觀光客人口一舉超越四千萬人次，並帶來高達八兆日圓消費額的經濟收入。

二〇二〇年東京奧運會，日本在賽會場館、奧運選手村、交通設施及觀光飯店建造和翻新的費用高達十兆日圓。根據日本銀行推估，這些投入逐年推升日本的GDP成長率。日本經濟新聞報導，東京奧運會的「直接效益」（賽會門票、紀念品銷售、商品授權金、運營行銷和轉播權利金等），預計有五·二兆日圓；「延續效益」（體育設施再利用、運動人口增加、運動產業市場擴大和觀光旅客增加等）則有二七·一兆日圓的經濟效益。

「直接效益」將會增加三十萬六千個工作機會；「延續效益」增加的工作機會有一六三萬二千個，其中一二九萬六千個在東京都會區。

除了上述這兩項經濟效益之外，各界也都認為透過東京奧運會的舉行，可以讓已經步入高齡化的日本在公共設施大幅改善，並且將環保和永續這兩項全球關切的議題深入日本社會。

除此之外，有件事是大家可能沒想到的，那就是主辦國的股市可能會飆漲。根據財經數據統計，二〇二〇年東京奧運之前的五屆奧運主辦國，也就是澳大利亞、希臘、中國大陸、英國和巴西，在主辦奧運的前兩年股市漲跌互見；但在舉辦奧運當年和隔年的股市則是大有斬獲。舉辦奧運當年股市平均漲幅有一七．七%，奧運隔年不但續漲，平均漲幅更可高達一九．九%。以此推估，二〇二〇年和二〇二一年的日本股市精彩可期。

有一些人擔心，二〇二〇年東京奧運之後，會像一九六四年的東京奧運一樣，在隔年跌入「昭和四十年」的經濟不景氣，但以目前的各方面跡象來看，二〇二〇年東京奧運會至少可以平穩過關。但是，天有不測風雲，任何國際局勢的風吹草動，都有可能擾亂東京奧運會。

一九六四年東京奧運會，結果雖然是備受肯定、完美收場。但事實上，內部的政治紛擾和國際局勢不安，都一直糾纏著奧運會的進行。

現任日本首相安倍晉三的外公岸信介（1896-1987）、外叔公佐藤榮作（1901-1975）都當過日本內閣總理大臣（即首相），「一門三相」在日本政壇相當知名。他們三人都跟兩屆東京奧運有密切關係。（註：安倍晉三

外曾祖父佐藤秀助本姓岸，因入贅改姓佐藤）

日本是在岸信介擔任首相時取得一九六四年東京奧運會的主辦權（1959年），但在一九六〇年因為簽完「美日安保條約」即宣布下台，由池田勇人（1899-1965）繼任。而池田勇人在一九六四年東京奧運會閉幕的隔天宣布辭職，原因是喉部罹患癌症，首相由佐藤榮作繼任。池田勇人於奧運隔年過世。

東京奧運會舉辦期間，佐藤榮作是日本科學技術廳長官，對東京奧運建設有不少貢獻，之前也擔任過大藏大臣、建設大臣、內閣官房長官等，也都和奧運建設息息相關。順帶一提，佐藤榮作和台灣的關係非常友好，曾在一九六五年貸款一億五千萬美元給台灣，並在一九六七年訪問台灣，是日本最後一位在任內訪問台灣的首相。佐藤榮作也因在一九七四年讓日本加入「不擴散核武條約」獲得諾貝爾和平獎。

日本再度取得東京奧運主辦權是在安倍晉三第二度擔任首相任內（二〇一三年），與外公岸信介爺孫二人同在首相任內取得奧運主辦權，在日本傳為佳話。但岸信介首相任期未持續到東京奧運就下台，安倍晉三雖然在二〇一六年巴西里約奧運閉幕典禮上，因身著超級瑪利歐服裝參與《東京八分鐘》演出而在全球大出風頭，但安倍晉三在瞬息萬變的日本政壇，能否在東京奧運時還擔任首相，誰都不敢說。

外部環境威脅更在一九六四年東京奧運舉行期間層出不窮。第一顆震撼彈是當年蘇聯發生十月「黑海政變」，蘇維埃最高領導人赫魯雪夫（1894-1971）被迫下台，全球緊張局勢急遽升高，稍有差池可能再度引發戰爭。東京奧運舉行期間，蘇聯的米格機多次飛越日本領空，自衛隊戰機不斷升空警戒，向來主張世界和平的奧運會，場內一遍祥和，場外卻極為險峻。

第二顆震撼彈跟台灣有所關聯。中共因為抗議日本讓台灣以「TAIWAN中華民國」名義參加一九六四年東京奧運會，結果引發中共強烈抗議後退賽。然而，這只是事件的序曲。

就在東京奧運進行到第七天，也就是一九六四年十月十六日下午三點，中共在新疆羅布泊成功試爆原子彈，此舉令全世界大為震驚，尤其是奧運主辦國日本，由於第二次世界大戰對中國侵略，以及成為全世界第一個不幸被原子彈轟炸的國家，日本舉國上下噤若寒蟬。參加奧運會各國代表團也是一樣，前有蘇聯頭子赫魯雪夫發生黑海政變，後有中共原子彈試爆，這些國際危機弄得各奧運代表團風聲鶴唳、惴惴不安。

幸好這一切危機都沒擴大，東京奧運平安過關。

一九八〇年莫斯科奧運，因為蘇聯入侵阿富汗引起西方國家聯手抵制。到了一九八四年洛杉磯奧運，蘇聯發動東歐集團對美國進行反抵制，結果除了羅馬尼亞之外，通通未出席洛杉磯奧運。但追溯奧運歷史，東京奧運也發生抵制事件。

當年親中共的印尼，因為不讓台灣和以色列參加一九六二年的雅加達亞運會，引發國際體壇的譴責和抵制。一九六四年東京奧運，即使印尼派出的代表團都已抵達日本，但最後日本還是決定尊重國際主流意見，拒絕印尼參加東京奧運會。

南非也因為實施種族隔離政策引起國際抗議聲浪，在一九六四年東京奧運不得其門而入。一直到一九九二年西班牙巴塞隆納奧運之前，南非廢除了種族隔離政策，才得以重回奧運賽會。

一九六四年東京奧運在紀錄和資料上大多是說有九十四個國家派隊伍參加，但事實上，來自地中海南岸的北非國家利比亞，在出席完開幕典禮就退賽，實際上參賽的隊伍只有九十三隊。

以目前的世局來衡量日本，經濟大國、工業強國的身分，讓日本的國際地位相當鞏固。除了和南韓在貿易上有小齟齬，以及北韓不定期發射飛彈飛越日本海的威脅之外，不至於出現讓其他國家有抵制奧運的理由。同時，日本也在揭櫫「世界和平」的大旗之下，向奧運的大家庭廣發武林帖，並全面放寬簽證手續，做好各項國際觀光服務，再加上全日本上下齊心投入，二〇二〇年東京奧運會的成功是可以預見的。

「火中取栗」——建築大師隈研吾

二〇二〇年東京奧運會開幕典禮的主場館——新國立競技場，是由一九六四年東京奧運主場館——霞丘國立競技場拆除改建而成。原本新國立競技場的設計改建工程，是由全球知名的伊拉克裔英國女建築設計家札哈·哈蒂（Zaha Hadid, 1950-2016）負責，但因造型太前衛和預算太過於龐大而作罷。後來在國內的設計作品徵集中，由擅長「負建築」的日本大師隈研吾（1954-）與大成建設、梓設計組成的建築團隊取得設計案。

隈研吾在接受日本自由作家清野由美的專訪中表示，在札哈·哈蒂之後接下這個案子，有如「火中取栗」般的棘手和困難。

札哈·哈蒂原先設計的作品線條圓融但極其前衛，對於相對保守的日本人來說相當不能接受，甚至有人用「一隻隨時等著日本沉入太平洋的大烏龜」來形容。

札哈·哈蒂之所以會被換掉，不加節制的預算才是真正的原因。她所提的預算高達三千億元日圓，讓日本朝野上下完全傻眼。對照於北京奧運「鳥巢體育場」的六百億日圓、倫敦奧運主場館的九百四十億日圓，甚至至面積超大的東京迪士尼樂園也只用了一千五百億日圓，札哈·哈蒂的預算讓日本政府瞠目結舌，從東京都知事到首相，沒有人願意為這個預算背書，終於出現「換札哈」事件。有人重砲批評說，如果競技場真的以這樣的方案執行，將是未來幾代人的恥辱。由隈研吾團隊所提出的總預算為一千四百九十億日圓。

一九六四年舉行的東京奧運會，隈研吾目睹當代建築大師丹下健三（1913-2005）所設計的代代木競技館，宏偉又有氣勢的作品令當年只有十歲的隈研吾立下要當建築師的志願。經過半個世紀，隈研吾再與東京奧運結緣，即使是「火中取栗」，他也下定決心不讓日本的建築之火泯滅。

在札哈．哈蒂的設計方案遭取消後，隈研吾還想著，不知道會是誰接著她之後來做這個全世界矚目的案子。就在這時候，大成建設邀請隈研吾一起加入設計團隊（另一成員為梓設計），他們在二〇一六年開春的最後評比中，以六一〇比六〇二的八分之差擊敗由另一位日本建築大師伊東豊雄（1941-）所率領的團隊，正式成為那位他口中所說「火中取栗」的人，承擔東京奧運開幕主場地——新國立競技場的建築設計大任。

隈研吾團隊能勝出伊東豊雄團隊，關鍵在建築工程更簡單，建築預算成本更節約。隈研吾認為他接下這燙手的「栗子」，最大的挑戰在於如何將原有的設計高度降低，以及使用當地的天然建材。經過縝密的計算，隈研吾的團隊成功地將主場地高度從七十五公尺降到四十九公尺。

隈研吾在他的著作《我為什麼要建造新國立競技場》中提到，把新國立競技場的高度從七十五公尺降低到四十九公尺，除了經費預算節約外，最主要還是他對「負建築」理念的堅持。

新國立競技場周邊的神宮外苑對隈研吾而言，就是東京都心的「聖域綠蔭」，要在這裡建一座龐大的體育場，從生態環境的角度考量，他必須堅持和周邊環境融入的「負建築」（註：日文中的負ける，有融合、融入之意）。有了這份堅持，隈研吾知道將會有來自多方的批評，但他的心意已決，雖千萬人吾往矣。

另外，隈研吾所主張的A方案，看台分為三層，伊東豊雄的B方案看台則為兩層設計。隈研吾的A方案會被青睞，出自於他對使用者的貼心。

隈研吾認為如果看台分為三層設計，就有多出的公共空間可運用，觀眾在觀賽期間要前往洗手間或買飲料、食物，所需的距離和時間較少，對觀眾較為方便。如果是兩層設計，最高層的觀眾要下來上洗手間或買東西都較為不方便。

「生命之樹」是隈研吾設計方案的名稱，強調「樹木和綠色的體育場」、「與環境共生的體育場」和「大家的體育場」。為了突出日本傳統和個人建築風格，建築主體在鋼材結構基礎上，加入大量木質建材做結構。另外，還有融入許多先進的科技建材，讓整體建築能夠適應東京的氣候與環境。

隈研吾透露，新國立競技場的外觀由下往上看，條形木質建材做成的屋簷重疊設計，是他從奈良五重塔法隆寺從下向上看所得到的靈感，他認為可以將日本傳統的建築工藝，融入新世代的大型建築中。

運用木製建材一向是隈研吾的建築特色。因為科技的進步，新的木質建材能和混凝土一樣堅固和耐火，同時也能抗震。競技場的外牆隈研吾用上了杉木；屋頂的部分支撐則用日本國產的落葉松。隈研吾指出，不用國外進口的木材，不僅能節省成本，更能減少地球上二氣化碳的排放。木材的加工來自日本當地本來就有良好技術的小型加工廠，「讓這樣的小技術」成為成就八萬人體育場的元素之一。隈研吾直言，他最被這項挑戰所深深吸引。

環繞新國立競技場整圈的環形木質屋簷，所用的杉木和松木由全日

1
2
3

1. 2020年東京奧運主場館新國立競技場設計人隈研吾，攝於來台出席台開集團台中花博積木概念館啟用典禮。（攝影／沈嫚君）

2. 新東京國立競技場效果圖。（取自大成建設、梓設計與隈研吾建築都市設計事務所示意圖）

3. 新國立競技場外觀以條形木質建材做成屋簷重疊的設計，是隈研吾從奈良五重塔法隆寺從下向上看所得到的靈感。（攝影／劉善群）

本四十七個道州府縣所提供，隈研吾在設計時也按各道州府縣所在位置排列，呈現全日本為二〇二〇年東京奧運團結一心做貢獻。

「樹木和綠色的體育場」表示全面森林綠化讓新國立競技場成為東京新宿區和澀谷區的「都市之森」。隈研吾認為，這裡不需要太多的造林，而是融入明治神宮外苑那一片參天綠樹和蓊鬱的綠林，成為它們的一部分，更容易變成大家有記憶的地方。

「大家的體育館」，簡單的說就是不讓新國立競技場成為「蚊子館」。隈研吾在競技場的一樓和五樓分別設計了「大地社區」和「天空社區」供

由隈研吾、大成建設、梓設計團隊所提出新國立競技場預算，足足比原來由札哈·哈蒂所提出的預算省了近 1500 億日圓。

東京新國立競技場未開放前，每天就能吸引大批遊客前往拍照，2020 年東京奧運熱潮可以預見。（攝影／劉善群）

民眾平常活動使用。場內除了有運動員和觀眾分流的動線規劃外，也有專為殘障人士設計的無障礙通道。最重要的，也是台灣各個場館設計及監督單位都該看的，他們預留突發狀況發生時，可以立即疏散八萬名觀眾的逃生通道。

「與環境共生」強調場地建材對天然資源的利用。隈研吾讓因為經濟發展而埋入地下的澀谷川重見天日，專程為主場館將澀谷川的河水引入場地下方埋設的草皮灑水系統，這套系統在運作的同時，除了為地面上的草皮灑水外，也可提供草皮成長時所需要的熱量。為避免觀眾在日曬或酷寒的環境下看比賽，競技場的屋頂塗上了高日照反射率的塗料，還有太陽能電路板所產生的綠色能源，也提供現場空調及供暖設備運用。

東京新國立競技場已在二〇一九年十一月底完工，十二月二日交接給日本體育振興委員會（JSC, Japan Sport Council）。奧運展開之前將舉辦多項國際賽會做場地測試，同時也為二〇二〇東京奧運會暖身。第一項大賽是二〇二〇年一月一日舉行的天皇杯足球賽。

新日本人

喜愛看運動賽事的朋友都知道，在台灣運動界有一位相當出名的歸化男籃球運動員，他是來自美國的黑人戴維斯（Quincy Spencer Davis III, 1983-），代表台灣在多項國際賽事立下汗馬功勞，同時場上舉止溫和謙虛，甚受台灣球迷喜愛，被冠上「新台灣人」的封號。同樣地，在二〇二〇年的東京奧運會上，我們將可以看到不少的「新日本人」披掛太陽旗為地主國日本爭光。

日本在舉辦一九六四年東京奧林匹克運動會，挾著地主國之便引進排球和柔道兩個新競賽項目，結果一共六項金牌日本奪下了四面。再加上身為亞洲第一個舉辦奧運會的國家，面子絕對不能丟，日本代表隊選手卯足全勁衝刺，最後總共以十六面金牌的成績在九十四個參賽國當中排名第三，讓日本舉國歡騰，國民自信心激增。

時隔五十六年後，日本東京再次舉辦奧運會，參賽的隊伍已經倍增到二百〇四個國家和地區，日本想要讓當年榮光重現，困難度增加許多，除了積極加強練兵之外，引進「新日本人」增加奪取金牌的機會，自然也是日本奧運代表團選訓單位的計劃之一。

細數日本從一九六四年東京奧運會和之後的十四屆奧運會，金牌數超過十面的只有五次，分別是一九六四東京奧運十六面、一九七二年慕尼黑奧運十三面、一九八四年洛杉磯奧運十面、二〇〇四年雅典奧運十六面以及上屆里約奧運的十二面。成績最好的就是一九六四年東京奧運排名第三，雅典奧運同樣是十六面金牌，排名只能到第五，其中和中國大陸、南韓的崛起，以及前蘇聯解體，前共和國如烏克蘭、白俄羅斯等以堅強實力分食金牌大餅有關。二〇二〇年東京奧運，日本想要在金牌數及總獎牌數上有面子，「新日本人」的計劃更是必須執行。

「新日本人」的頭號代表就是目前世界女子網球排名名列前矛的大坂直美（1997-），她出生於大阪，父親是海地裔的美國人，母親為日本人，三歲時全家移居美國佛羅里達州。十八歲時大坂直美選擇依母親國籍，正式成為日本人。

大坂直美二〇一五年轉入職業球員後，當年就獲得WTA年度最佳新人獎，二〇一八年在美國公開賽擊敗美國名將小威廉絲摘下后冠，贏得她生平第一個大滿貫賽冠軍，隔年大坂直美又在澳大利亞公開賽拿下第二座大滿貫賽冠軍，成為亞洲登上世界球后寶座的第一人。在大坂之前，亞洲球員排名最高的是已退休的中國大陸球員李娜，她曾贏得法網和澳網兩項大滿貫賽冠軍，但世界排名最高為第二。

有媒體稱她為「日本小威」，但大坂直美更喜歡「新幹線」這個外號。自從加入日本籍之後，去年大坂直美開始代表日本參加聯邦杯的比賽。日本奧委會也對她展開東京奧運培訓計劃，支援經費和獎勵。大坂直美和男網球員錦織圭，被日本各界視為是東京奧運男、女網球單打的金牌希望。

不過「新日本人」這個混血的特徵，也在日本社會掀起一股辯論的聲浪。有人批評大坂直美就像

東京奧運會日本代表團的「新日本人」，以網球女將大坂直美（右）和男子籃球的八村壘最受矚目，兩人同為 22 歲。圖為效力於 NBA 亞特蘭大老鷹隊的八村壘攻下個人單場最高得分 30 分，大坂直美正好到現場看球加油。(翻攝自NHK G)

來日本打工的越南或緬甸勞工，不同意她是日本人。但另一面的聲音則支持說，當她披上日本國旗在運動場上為日本爭光，她就是個不折不扣的日本人，應該支持她。

日本一橋大學社會學博士、目前在國士館大學擔任講師的下地勞倫斯吉孝（下地ローレンス吉孝，Shimoji Lawrence Yoshitaka, 1987-），本身也是爺爺為美國人的混血日本人。他指出，大坂直美是日本自一九九〇年代後放寬國籍認定的混血兒之一，日本各行各業都有像大坂直美這樣的日本人，只是她是知名運動員，格外受到日本媒體和民眾的關注。

下地說，其實早在一九七〇至八〇年代的日本，對這類「有日本特色」的人，無論他們的國籍、外表或是否會說日語，都廣泛地認同他們就是日本人。大坂直美雖然外表不像日本人，只會說一點點日語，但她還是值得尊敬的日本人。

下地教授強調，大坂直美及其他表現傑出的日本混血運動員，不必試圖去改變日本社會對他們的觀感，只要用運動場上的傑出成就，認同他們是日本人根本就是很自然的事。

八村壘（1998-）是第一位在美國職籃 NBA 選秀會被選中的日本人，被華盛頓巫師隊以第九順位選走，場上各項統計數據都相當優異，他將代表參加東京奧運會的男籃賽。日本因為是主辦國，是唯一可以參加奧運會內賽的亞洲球隊。

八村壘出生於仙台，父親來自非洲的貝南共和國，母親是日本人，一直讀到仙台明成高校畢業，才前往美國岡薩加大學就讀，並參加 NCAA 第一級比賽。八村無論是外貌或是打球風格，都像極了漫畫《灌籃高手》中的赤木剛憲，深受日本球迷喜愛。

比起大坂直美，八村壘能説一口流利日語，而且是在仙台讀完高中才赴美國，深得日本球迷認同。仙台這個地方出了不少知名的運動選手，冬季奧運花式滑冰金牌的羽生結弦，以及「台灣媳婦」福原愛，都是來自仙台。

大坂直美和八村壘因為優異的運動成就，已吸引不少日本廠商贊助。大坂直美目前有日清食品、YONEX、星辰表和日產汽車等贊助商，球場外收入不亞於比賽獎金。八村壘在 NBA 選秀的前一天，也被日清食品簽下贊助合約。

東京奧運男籃賽除了八村壘之外，日本隊還有一名歸化的大前鋒和中鋒的費澤卡斯（Nick Fazekas, 1985-），身高二一一公分，在NCAA打的球隊是內華達大學雷諾校區，二〇〇七年則在NBA選秀會中，被達拉斯獨行俠隊以第二輪第三十四順位選走。二〇一八年歸化為日本籍。

相信台灣的籃球迷對費澤卡斯並不陌生，他就是在世界杯預選賽第一輪出戰中華隊的比賽中，個人包辦三十二分、十一個籃板，協助日本以一〇八比六八大勝，並在積分上超越中華隊晉級世界杯第二輪。另外，他在加入日本隊的第一場比賽，面對陣中有多名NBA好手的澳大利亞，費澤卡斯和八村壘聯合攻下了六十八分贏得比賽，也打響他在日本的名號。

日本女子籃球也有一名「新日本人」，渡嘉敷来夢（とかしきらむ，Tokashiki Ramu, 1991-）。目前渡嘉敷來夢效力於美國WNBA的西雅圖暴風隊，身高一九三公分，主打大前鋒，球風相當男性化，是亞洲在比賽中能扣籃的第一人。

渡嘉敷出生於埼玉縣，畢業於櫻花學園高校，能說流利的日語，爺爺是美國人。

田徑是東京奧運金牌數最多的競賽項目。日本為了在奧運田徑賽能大有斬獲，從二〇一五年就展開「鑽石計劃」，其中也不乏「新日本人」。

最具代表性的選手就是男子短跑的薩尼·布朗（Abdul Hakim Sani Brown, 1999-），出生於福岡北九州市，父親來自出了不少短跑名將的迦納，母親是日本人，城西大學附屬城西高校畢業後才前往美國佛羅里達大學留學。小時候薩尼·布朗喜歡踢足球，後來在母親的建議下才轉往練習短跑。

二〇一五年加入日本田協的「鑽石計劃」後，薩尼·布朗就在該年世界青少年田徑錦標賽展露頭角，個人包辦男子一百公尺和兩百公尺的冠軍。目前身高一八七公分的他，在二〇一九年跑出了個人最佳成績九·九七秒，刷新了由桐生祥秀締造的九·九八秒的日本全國紀錄。

二〇二〇年東京奧運，薩尼·布朗要在一百公尺單項奪牌困難度很高，但是在4×100公尺接力賽就大有可為。二〇一六年里約奧運會，日本男子4×100公尺接力就曾摘下銀牌；二〇一七年倫敦世錦賽和二〇一九年杜哈世錦賽，日本隊也都在男子4×100公尺獲得銅牌，其中杜哈世錦賽薩尼·布朗是決賽的第四棒。基於近年國際賽不錯的表現，再加上長期的默契培養以及日本觀眾現場加油的地主優勢下，日本男子接力賽要在東京奧運會更上一層樓是可以期待的。

除了薩尼·布朗之外，日本男子田徑隊的「新日本人」還有劍橋飛鳥（ケンブリッジ飛鳥，Asuka "Aska" Antonio Cambridge, 1993-），他曾和隊友山縣亮太、桐生祥秀、飯塚翔太聯手獲得里約奧運男子4×100公尺接力銀牌，成績更打破亞洲紀錄。劍橋飛鳥畢業於日本大學文學部體育學科，父親來自牙買加，母親則是日本人。

另外還有短跑的塚本惇平、擅長四百公尺的朱利安·沃爾什（Julian Walsh），也都是混血的「新日本人」。

日本最近一次在奧運會田徑比賽勇奪金牌的「新日本人」，就是二〇〇四年雅典奧運的男子鏈球冠軍室伏廣治（1974-），他的父親是日本鏈球傳奇人物室伏重信（1945-），曾經連續在一九七〇年、一九七四年、一九七八年、一九八二年以及一九八六年五屆亞運會贏得金牌。室伏重信出生的地點很特別，是在中國大陸河北省的唐山市，他和羅馬尼亞裔的匈牙利女子生下了室伏廣治。

另外，現今日本女排「東洋魔女」陣容中，也出現大庭冬美、宮部藍梨和東谷玲衣等「新日本人」。

自從國際奧會和各單項協會放寬歸化選手規定後，世界各國代表團中也出現不少「新國民」，比如丹麥的中長跑有不少非洲裔的歸化選手，卡達田徑隊黑人選手也佔了大多數，打破過去一直由歐美強權國家獨霸的場面。

傳統與未來之間——東京奧運選手村

二〇二〇年東京奧運和帕運的選手村，位於東京都中央區的晴海五丁目，由日本官方和三井不動產集團共同開發。由於地處三面環海的東京灣新開發地帶，選手村可以欣賞到彩虹大橋、東京鐵塔和台場等無敵美景。

本屆東京奧運會的競技場館總共分為兩大區，分別為一九六四年東京奧運曾經使用的競技設施，稱為歷史傳承區（Heritage Zone），以及象徵城市未來發展的東京灣岸區（Tokyo Bay Zone），兩者在地圖上正好可以

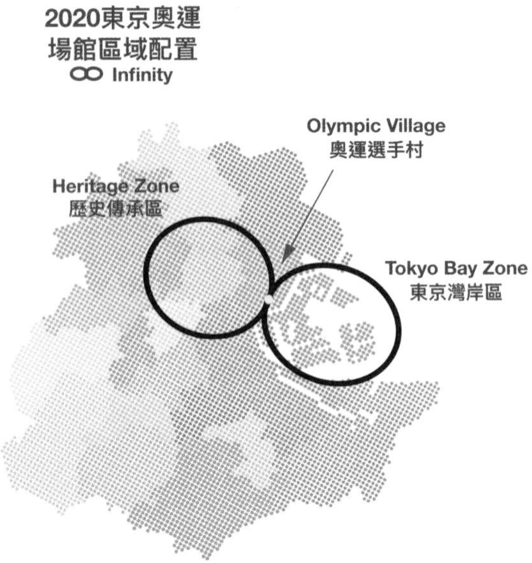

1964 年東京奧運的歷史傳承區和象徵城市未來發展的東京灣岸區，可用象徵無窮無盡的「∞」符號來涵蓋，2020 年東京奧運會的選手村正好位於兩者的交界處。（製圖／劉善群）

用象徵無窮無盡的「∞」（infinity）符號來涵蓋，東京奧運選手村就坐落於這兩個區域的交界之處，彰顯東京的傳統與未來融合，呈現古今並存的城市多元風貌。這項舉措，也符合國際奧委會所強調的傳承（Legacy）概念，奧運主辦城市必須永續保留奧林匹克的精神。二十八個比賽場地集中在以奧運選手村為中心的半徑八公里內。

所有建築用地總共佔了四十四公頃，運動員住宿的樓房總共有二十一棟，樓層有十四層到十八層不等，套房約有三千八百間。選手村內的使用床位，東京奧運約有一萬八千張，帕運約八千張。

由二十五位建築設計師集體創作的東京奧運選手村，外觀將融入大和民族傳統文化特色與風韻，街道則呈現現代城市道路快速連結風貌，建案名稱為「晴海旗幟」（Harumi Flag）。東京奧運結束後選手村將全面改裝，拆除奧運期間所使用的隔間、地板和衛浴，用二到四年的時間改造，棟數也將從二十一棟增為二十四棟，再以新成屋銷售。

以二〇〇八年北京奧運北四環的選手村為例，奧運結束後當成住房銷售，如今房價已翻了三

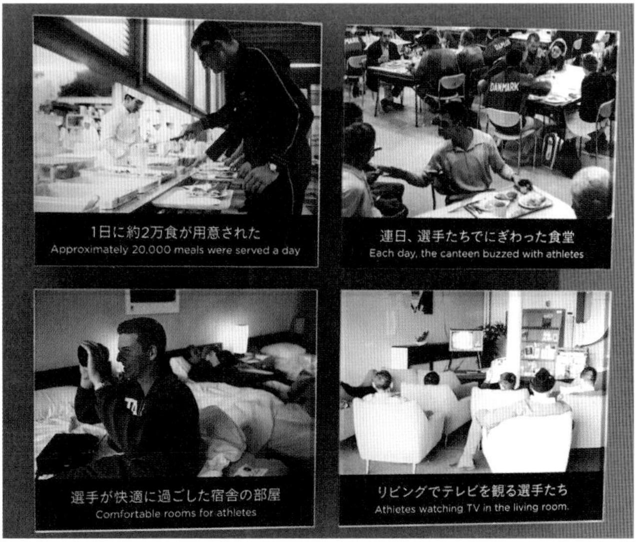
1日に約2万食が用意された
Approximately 20,000 meals were served a day
連日、選手たちでにぎわった食堂
Each day, the canteen buzzed with athletes
選手が快適に過ごした宿舎の部屋
Comfortable rooms for athletes
リビングでテレビを観る選手たち
Athletes watching TV in the living room.

1964 年東京奧運會選手村設在現今東京代代木公園附近，94 個國家選手的食衣住行都是大考驗。（攝自日本奧林匹克博物館）

到四倍；二〇一二年位於倫敦東區開發的奧運選手村，現在也成為倫敦急速發展中的新區。東京奧運選手村的前景，目前也相當被看好。但也有再利用不佳的反例，比如二〇一六年巴西里約奧運的選手村。

吃的問題，通常是每屆奧運組委會的重點工作。運動員積極準備四年，為的就是要在奧運賽場上全力拚搏、爭取佳績，若是在飲食上出了差錯影響選手表現，奧組委也擔待不起這項缺失。東京奧運及帕運選手村內的餐廳包括世界各國風味餐點，二十四小時全天候提供選手及隊職員飲食需求。二層樓建築的主餐廳共有四千五百個座位，另外還有一個四百人座位的休閒餐廳，則是完全提供傳統的日式餐點及食品。

此外，奧運選手村內必備的設施還有奧運村廣場、醫療所、按摩中心、洗衣房、交誼中心等，其中奧運村廣場是各國代表團抵達後進行歡迎式及升旗的地方。

本屆東京奧組委在奧運選手村廣場的設計上，特別加上環保和資源循環永續的特色。廣場的建築設施建材由全日本六十三個地方政府提供，總共將近有二千立方公尺的木材，待奧運和帕運結束後，再將這些木材拆解，並還給各地方政府循環再利用。

二〇二〇年東京奧林匹克運動會舉辦日期為七月二十四日至八月九日，選手村開村日期定在開幕典禮的前十天，也就是七月十四日；閉村日期為閉幕典禮結束後三天的八月十二日。帕運開村時間設在帕運開幕典禮前一周的八月十八日，閉村時間則為閉幕典禮結束後三天的九月九日。

全球聚焦的演出——東京奧運開幕典禮

自從一九八四年洛杉磯奧運開幕典禮用了知名的喬治．盧卡斯當總導演後（George Lucas, 1944-，最有名的代表作為《星際大戰》，Star Wars），因為太精彩，使得之後各屆的奧運主辦國無不在開幕典禮的演出上費盡心思，希望在奧運一開始就吸引全球的目光和聚焦。俗話說，頭過身就過，卯足全力策畫開幕演出就是這個道理。

還記得二〇一六年里約奧運閉幕典禮中，下屆主辦國日本擔綱表演的「東京八分鐘」，讓全球觀眾看得相當閃眼，傳統與現代元素相互交融，子彈列車、東京鐵塔、櫻吹雪到動漫卡通人物足球小將翼、哆啦A夢、Hello Kitty，以及懷舊電玩小精靈與超級瑪利歐，短短八分鐘，透過AR、動漫二次元以及日本創作音樂等元素，把老少觀眾全部拉在一起。當最後一幕日本首相安倍晉三穿著超級瑪利歐的服裝出現在場地正中央，引發觀眾驚呼連連。而這個設計發想很有趣，就是把RIO變成MARIO！

五十六年前，日本身為亞洲第一個主辦奧運會的國家；日本再度承辦盛會，開幕典禮正是展現國家歷史、文化、現代科技和創造力的絕佳舞台。二〇一三年日本在申辦奧運所推出的口號是「探索未來」（Discover Tomorrow，未来をつかもう），日本過去總共主辦過四屆夏季和冬季奧運會；二〇二〇年東京奧運則是進入二十一世紀後的第一次，如何將傳統和現代的日本呈現在全世界觀眾面前，開閉幕典禮的表演內容深受想像與期待，尤其是軟實力和科技的展現。

二〇二〇年東京奧運開閉幕典禮的主創團隊，東京奧組委宣稱是日本當今表演藝術的黃金組合，大部分成員也都參與了四年前里約奧運閉幕「東京八分鐘」的創作和演出。

東京奧組委公布開閉典禮的表演項目，將由八人組成的「綜合策畫團隊」負責內容創意，這八人分別是野村萬齋、山崎貴、椎名林檎、佐佐木宏、川村元氣、菅野薰、栗栖良依和MIKIKO。總導演由野村萬齋擔任，開閉幕典禮執行導演分別是山崎貴與佐佐木宏，音樂總監為椎名林檎。其中廣告導演佐佐木宏、椎名林檎、來自電通的廣告人菅野薰和擅長編舞的MIKIKO，四人都曾參與里約奧運閉幕典禮上「東京八分鐘」的策劃與演出。

奧運和帕運合起來共四個開、閉幕典禮，將分成起、承、轉、合四大部分。表演主題及元素包括和平、共生、復興、未來、日本·東京、運動員、參與及心動等八項。

擔任總導演的野村萬齋（1966-），本名野村武司，是日本國寶級的狂言師，最擅長的就是將古典與現代融合。「狂言」和「能」同屬日本四大古典戲劇之一，是日本的「國粹」，誕生於約六百五十年前的室町時代。野村萬齋的父親野村萬作在日本被譽為是狂言的「人間國寶」，身為長子的萬齋克紹箕裘，表現倍受好評，被日本媒體以「未來國寶」相稱。

野村萬齋曾在二〇〇一年主演電影《陰陽師》中的男主角安倍晴明，形象備受觀眾肯定，也以此片獲得日本電影藍絲帶獎和學院獎的最佳男主角。東京奧運組委會將開幕典禮中融合傳統與現代的重任交給野村，看上的就是他在表演藝術中運用現代科技的能力。野村曾與新媒體藝術家真鍋大度合作，用CG技術和動態捕捉科技重新演繹傳統劇目《三番叟》，成功地將古老的狂言和現代科技結合。

野村在東京奧組委公開開閉典禮「綜合策畫團隊」名單的記者會上表示，他會把狂言表演中相當重

擔任 2020 東京奧運開幕典禮總導演的野村萬齋。（圖取自「知日」微信公眾號）

要的「鎮魂」與「再生」兩大概念，運用在二〇二〇年東京奧運開幕典禮的表演上，綜合策畫團隊的成員也都支持野村這個做法。

開幕典禮的執行導演山崎貴（1964-），他所導演的《鎌倉物語》和《寄生獸》都相當受歡迎。至於他著名的代表作《ALWAYS守候幸福的三丁目》，就是以一九六四年東京奧運會為背景的時代故事。

山崎貴最拿手的就是應用VFX（Visual Effects，視覺效果）打造大場面大製作，令觀眾沉浸在現實與虛幻間的影像氛圍。比如說，山崎在《ALWAYS守候幸福的三丁目》用上最新電影科技，重現一九六四年東京奧運開幕典禮上，日本自衛隊用飛機畫出奧運五環的震撼場面，喚起昭和年代的記憶，感動許許多多的日本人。可能是因為在一九六四年東京奧運同一年出生，山崎對發生在這一年的事物格外有感覺。二〇二〇年東京奧運會開幕典禮，山崎貴會推出什麼別開生面的精彩內容，備受全球觀眾期待。

音樂總監椎名林檎（1978-）是個有個性又有特色的音樂人，素有「搖滾女王」和「另類歌姬」的封號。椎名林檎的音樂風格多元且多變，但每次推出的專輯，概念和曲風都能吸引年輕人的青睞。

椎名林檎的神來一筆，曾經造就奧運會上的經典時刻。一起參與過「東京八分鐘」的佐佐木宏導演透露，里約奧運的時候，椎名林檎的一句「東京是時髦的城市（粋な街），發揮機智吧！」激盪出讓人驚訝的首相安倍晉三穿上超級瑪利歐服裝的橋段。

至於她在「東京八分鐘」的演出中，一曲〈望遠鏡の外の景色〉，運用爵士風格詮釋東京的都會新形象，至今仍令人印象深刻。

負責編舞的MIKIKO（1977-）本名水野幹子，她最膾炙人口的舞

2020 東京奧運開幕典禮音樂總監椎名林檎（圖取自「知日」微信公眾號）

2016 年里約奧運閉幕典禮 - 東京 8 分鐘（1:48:00 開始）

曲就是星野源和新垣結衣在日劇《月薪嬌妻》片尾曲中的「戀 Dance」。這個舞曲在日本曾經掀起一波狂熱的模仿風潮，特別是簡單而明快的手勢動作。「東京八分鐘」由 MIKIKO 負責的編舞，也是強調手部的動作和擺位，目前日本各界都在猜想，MIKIKO 究竟會在二〇二〇年東京奧運會開幕典禮上推出如何吸引觀眾的全場帶動唱舞蹈。

MIKIKO 不僅是舞蹈家，同時還是舞台導演。日本知名的電音組合 Perfume 所有的編舞和舞台都是出自 MIKIKO 之手。原宿系的卡莉怪妞組合，舞曲也都由她來打造。日本超級大牌的歌手福山雅治，亦曾邀請 MIKIKO 為演唱會合作編舞。

著名製作人川村元氣（1979-）近年來與動畫家新海誠合作的《你的名字》與《天氣之子》，讓他的名氣更為響亮。日本是動漫大國，找大牌動畫製作人參與開閉幕典禮策劃團隊，其中埋有何種玄機和伏筆，都令人期待。

川村元氣成名甚早，二十六歲時（二〇〇五年）就曾製作反映當時日本「宅男現象」的電影《電車男》而一舉成名。之後的《告白》、《惡人》、《桃花期》、《寄生獸》，部部都引發日本各界的熱議與討論。川村元氣同時也是一名小說家，知名作品包括《如果這世界貓消失了》和《億男》。

創意廣告人菅野薰（1977-）目前是日本電通廣告創意設計（Dentsu Lab Tokyo）高級總監，二〇一九年兼任 Dentsu Craft Tokyo 負責人。最為人稱道的就是將大數據導入產品和服務中，例如在災害等危機來臨，運用大數據為企業和社會提供服務。他的代表作「連結生命線」，是在二〇一一年日本東北大地震前和某一汽車品牌合作，把每分鐘約有十萬條的行車數據存放在一個車輛導航的資料庫中，然後把這些數據集合在一個程式中，再用日本地圖的形式表現出來。

菅野薰使用先進科技與大數據的創意項目，屢屢在國際上榮獲大獎。二〇一三年東京申辦奧運會短片中的「太田雄貴擊劍形象化」，創意出於菅野薰；一九六四年東京奧運主場館——霞丘國立競技場，拆除重建前的告別演出「さよなら國立競技場 Final For The Future」（為國立競技場的未來告別），最後十五分鐘的演出也是來自菅野薰的手筆。

東京大學經濟系畢業的菅野，喜好相當多元，熱愛爵士樂曲，曾經多次運用於他的作品中，二〇二〇年東京奧運開幕式上會不會來一段「爵士東京」？我們拭目以待。

也曾在電通任職的廣告導演佐佐木宏（1954-），畢業於慶應義塾大學，先前提到他也是「東京八分鐘」的創作成員之一。二〇二〇年東京帕運的開幕典禮演出由佐佐木宏統籌。

佐佐木宏在十歲時因東京舉辦奧運會起就喜歡上這個盛會。他曾開玩笑地說，「要是奧運期間不用上班就好了！」佐佐木的廣告作品在日本相當知名，特別是軟銀的「白戶家—父親變成了狗狗」系列廣告，以及三得利BOSS咖啡。另一支由佐佐木宏執導的軟銀廣告「雪國篇」，他費了兩年的心力，結果讓位於福井的日本戰國時代古蹟—一乘谷朝倉氏遺跡，在日本甚至全世界聲名大噪。

佐佐木宏認為「東京八分鐘」只是開始的一小步，他對東京奧組委組成的「綜合策劃團隊」非常有信心，相信集體創作的成果會讓大家滿意。

佐佐木宏也為帕運的開幕賣了一個關子，那就是已解散的偶像團體SMAP會不會在開幕典禮表演上重聚？

栗栖良依（1979-）是一名身障導演，她的工作就是將身心障礙人士和藝術行為相聯結，特別是身心障礙人士的藝術創作。她與佐佐木宏都是東京帕運開閉幕典禮表演的關鍵人物。

出生於東京的栗栖良依七歲開始舞蹈創作，高中時看了帕運的開幕表演而深受感動。栗栖畢業於東京造型大學，並在義大利多莫斯學院取得商業設計碩士學位。二〇一〇年她因為骨肉瘤，導致身體右下部位完全無法行動。

但栗栖良依並未被病魔擊垮，二〇一一年她成立了「慢標籤」，並且擔任董事，目標是建立一個讓身心障礙人士和藝術家、專業人士和民眾連結的環境，也特別強調，打造一個嶄新生活的社會，與身心有無障礙完全沒有關係。

第六十五回橫濱文化賞，栗栖良依獲得「文化・藝術獎勵賞」；二〇一六年TIMEOUT東京的「愛東京大賞」，她也獲得「Face of Tokyo」獎。

由這八人攜手組成的「綜合策劃團隊」，可謂當代日本黃金組合，他們會打造如何令全球矚目、震撼人心的表演內容，並且用藝術和科技說日本與東京的故事，二〇二〇年七月二十四日起就會一一揭曉。

Hope Lights Our Way 東京奧運聖火傳遞活動

有別於一九六四年東京奧運會聖火舉辦大規模亞洲地區的傳遞活動、二〇二〇年東京奧運會的聖火傳遞，從二〇二〇年三月二十六日開始在日本境內四十七個都道府縣傳遞，七月二十四日正式在開幕典禮會場——新東京國立競技場點燃。這屆東京奧運會聖火傳遞活動的口號「Hope Lights Our Way」（點燃希望之路）相當有意義，對未來充滿聖火熱情般的樂觀、積極，正面且樂觀的奔向你我永續的前程，正好與東京奧運會口號「Discover Tomorrow（探索未來）」以及吉祥物 Miraitowa（未來永遠郎）相互輝映。

五十六年前東京奧運聖火之所以會在亞洲各地大規模地舉行聖火傳

遞，主要因為當年是奧林匹克運動史上第一次在亞洲舉行奧運會，為的是強調亞洲團結一心，全力支持東京奧運。五十六年後，日本將藉由東京奧運聖火將三一一東北大地震至今還留下的傷痕全部縫合，凝聚日本全國上下一心支持奧運，並展現各項硬實力和軟實力，翻轉日本的未來。

東京奧運聖火傳遞活動將分兩階段進行，一是在希臘古代奧林匹克運動會遺址引燃聖火，並在希臘境內進行為期一星期的傳遞活動。另一部分就是在日本境內的全民聖火傳遞。兩個部分都設有日本人熟知的運動員及藝人擔任形象大使。

除了地面的聖火傳遞外，東京奧組委也邀請在國際太空站（International Space Station, ISS）的日本太空人野口聰一（1965-）和星出彰彥（1968-）擔任二〇二〇東京奧運聖火的太空大使。兩位太空人將會在聖火傳遞期間，不斷從國際太空站傳回訊息激勵在日本境內四十七站的聖火傳遞人。

東京奧組委派出一架命名為「2020 TOKYO GO！」的專機，機身上噴有聖火火焰圖案，以及「TOKYO 2020 OLYMPIC TORCH RELAY（2020東

站序	地名	聖火傳遞日期
第1站	福島縣	3月26日（四）-3月28日（六）
第2站	栃木縣	3月29日（日）-3月30日（一）
第3站	群馬縣	3月31日（二）-4月1日（三）
第4站	長野縣	4月2日（四）-4月3日（五）
第5站	岐阜縣	4月4日（六）-4月5日（日）
第6站	愛知縣	4月6日（一）-4月7日（二）
第7站	三重縣	4月8日（三）-4月9日（四）
第8站	和歌山縣	4月10日（五）-4月11日（六）
第9站	奈良縣	4月12日（日）-4月13日（一）
第10站	大阪府	4月14日（二）-4月15日（三）
第11站	德島縣	4月16日（四）-4月17日（五）
第12站	香川縣	4月18日（六）-4月19日（日）
第13站	高知縣	4月20日（一）-4月21日（二）
第14站	愛媛縣	4月22日（三）-4月23日（四）
第15站	大分縣	4月24日（五）-4月25日（六）
第16站	宮崎縣	4月26日（日）-4月27日（一）
第17站	鹿兒島縣	4月28日（二）-4月29日（三）
第18站	沖繩縣	5月2日（六）-5月3日（日）
第19站	熊本縣	5月6日（三）-5月7日（四）
第20站	長崎縣	5月8日（五）-5月9日（六）
第21站	佐賀縣	5月10日（日）-5月11日（一）
第22站	福岡縣	5月12日（二）-5月13日（三）
第23站	山口縣	5月14日（四）-5月15日（五）
第24站	島根縣	5月16日（六）-5月17日（日）

站序	地名	聖火傳遞日期
第25站	廣島縣	5月18日（一）-5月19日（二）
第26站	岡山縣	5月20日（三）-5月21日（四）
第27站	鳥取縣	5月22日（五）-5月23日（六）
第28站	兵庫縣	5月24日（日）-5月25日（一）
第29站	京都府	5月26日（二）-5月27日（三）
第30站	滋賀縣	5月28日（四）-5月29日（五）
第31站	福井縣	5月30日（六）-5月31日（日）
第32站	石川縣	6月1日（一）-6月2日（二）
第33站	富山縣	6月3日（三）-6月4日（四）
第34站	新潟縣	6月5日（五）-6月6日（六）
第35站	山形縣	6月7日（日）-6月8日（一）
第36站	秋田縣	6月9日（二）-6月10日（三）
第37站	青森縣	6月11日（四）-6月12日（五）
第38站	北海道	6月14日（日）-6月15日（一）
第39站	岩手縣	6月17日（三）-6月19日（五）
第40站	宮城縣	6月20日（六）-6月22日（一）
第41站	靜岡縣	6月24日（三）-6月26日（五）
第42站	山梨縣	6月27日（六）-6月28日（日）
第43站	神奈川縣	6月29日（一）-7月1日（三）
第44站	千葉縣	7月2日（四）-7月4日（六）
第45站	茨城縣	7月5日（日）-7月6日（一）
第46站	埼玉縣	7月7日（二）-7月9日（四）
第47站	東京都	7月10日（五）-7月24日（五）
終點	聖火台	2020年7月24日

2020 東京奧運聖火日本傳遞 47 站日程表。（製表／劉善群）

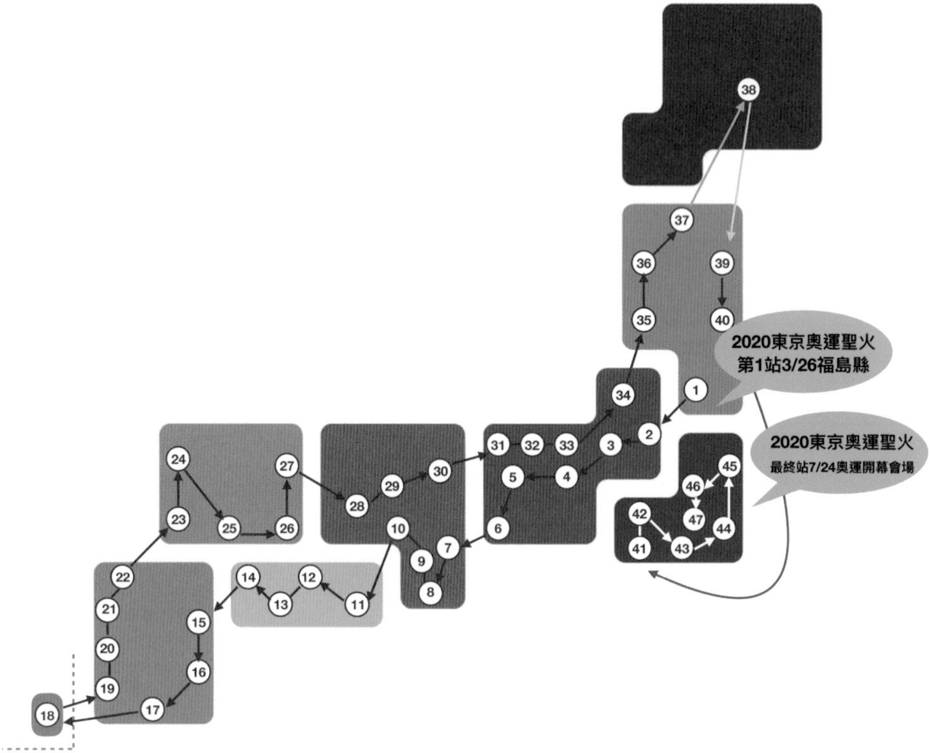

2020 東京奧運聖火傳遞路線圖。（製圖／劉善群）

京奧運會聖火傳遞）」和活動口號「HOPE LIGHTS OUR WAY」字樣。專機由全日空提供，機身上的「GO」一字雙關，做為日文發音是「號」，當成英文發音則是「加油」。

擔任奧運聖火護衛大使的兩位代表大有來頭，都是連續三屆奧運金牌得主。他們分別是參加過奧運柔道競賽的野村忠宏（1972-）和女子角力比賽的吉田沙保里（1982-）。野村忠宏的赫赫戰績是在一九九六年亞特蘭大、二〇〇〇年雪梨以及二〇〇四年雅典三屆奧運柔道金牌得主，在奧運柔道賽場上堪稱第一人。吉田沙保里也不遑多讓，連續在二〇〇四年雅典、二〇〇八年北京以及二〇一二倫敦三屆奧運女子角力項目封后。「神力女超人」吉田沙保里，

東京奧運「2020 TOKYO GO！」聖火專機。
（圖取自東京奧組委新聞發布資料）

2020 東京奧運聖火傳遞標誌與海報。（圖取自東京奧組委官網）

她最為人稱道的彪炳戰績是連續拿下十三個女子角力的世界冠軍，其中包含三面奧運金牌。二〇一六年日本頒給吉田象徵國民最高尊崇的「國家榮譽獎」，表彰她在運動上的偉大成就。

野村忠宏在被選為聖火護衛大使後極為感動，他認為自己的整個運動生涯都在為奧運會做挑戰和奉獻，能代表日本在奧林匹克發源地希臘親手護送聖火回日本，令他備感驕傲與喜悅，但責任也相當重大。

吉田沙保里回憶說，二〇一六年里約奧運她雖然只拿下銀牌，但護送奧林匹克會旗回到日本的榮銜是由她來擔任，當時已覺得是至高無上的榮耀。這次再被選為東京奧運聖火護衛大使，這把充滿日本人希望和夢想的火炬，她期待著它在東京新國立競技場聖火台被點燃的那一刻。

東京奧運聖火專機抵達日本的時間是二〇二〇年三月二十號，專機降落的地點是宮城縣的日本防衛省航空自衛隊（JASDF）松島基地。來自宮城縣石卷市、東松島市和女川町的兒童，被安排在現場歡迎聖火到來。野村忠宏與吉田沙保里所護送回來的東京奧運聖火，會在特製的慶祝火盆中點燃，並展開熱烈的慶祝祭典。

三月二十日至二十五日，這把象徵日本未來「甦醒之火」安排在宮城縣、岩手縣和福島縣進行特展。三月二十六日開始，從三一一大地震受創最嚴重的福島縣第一核電站中轉地 J-Village 為起點，展開為期一百二十一天的聖火傳遞，沿途經過的地方和城市總共有八百五十七個。

東京奧組委為打響聖火傳遞第一砲，特地安排在雅典奧運會女子馬拉松勇奪金牌的名將野口瑞希（1978-）擔任日本境內第一棒跑者。馬拉松是一八九六年第一屆現代奧林匹克運動會就有的比賽項目，由馬拉松選手來跑聖火第一棒格外具有意義。野口瑞希在此之前也被安排——與野村忠宏和吉田沙保里一起前往希臘迎接東京奧運聖火。

東京奧運火炬接力的形象大使有五人，除了之前提到的野村忠宏外，還包括身障選手出身的田口亞紀、知名女星石原聰美，以及搞笑組合三明治人。

田口亞紀曾經代表日本參加二〇〇四年雅典、二〇〇八年北京和二〇一二年倫敦等三屆的帕運射擊比賽，全心致力於帕運各項活動，東京奧運帕運她也在運動委員會和標誌選拔委會擔任職務。

東京奧運火炬接力的形象大使，野村忠宏（左上），身障選手出身的田口亞紀（右上），知名女星石原聰美（左下），以及搞笑組合三明治人（右下）。（圖取自東京奧組委新聞發布資料）

因為多部日劇走紅，而且在台灣擁有高知名度的女星石原聰美，對於能入選東京奧運帕運聖火傳遞形象大使相當興奮，她還特別自掏腰包印製了她人生中的第一張名片，同時也準備好了名片夾，打算一路上發給因為奧運聖火傳遞而結識的人。

石原聰美擔任公益節目《24小時TV》主持人頗受肯定，也曾入選為慈善人物，真誠自然的風格令觀眾對她讚譽有加。這次石原聰美也希望透過奧運聖火的傳遞，採訪許多火炬手和沿途熱情加油的人們，傳達每個人不同的人生故事。

來自宮城的搞笑組合三明治人，

一直致力於東北地區的重建，他們希望大家都到家鄉看聖火特展。

擔任東京奧運聖火傳遞活動的太空大使野口聰一說，與地球相比，他所待的國際太空站是距離太陽最近的地方。二〇二〇年東京奧運的聖火源自於太陽，他和另一名太空人星出彰彥將在太空站透過日本KIBO機器人實驗模組，在奧運聖火傳遞期間不斷將激勵的訊息傳送給地面上的聖火傳遞人，同時也用宇宙生生不息的循環，鼓勵遭遇三一一東北地震的日本同胞，勇敢向前面對未來。

在二〇二〇年三月二十六日展開的東京奧運帕運聖火傳遞，經過的城市依次為福島、栃木、群馬、長野、岐阜、愛知、

2020 東京奧運太空大使星出彰彥。
（圖取自 NASA 官網）

2020 東京奧運太空大使野口聰一。
（圖取自 NASA 官網）

三重、和歌山、奈良、大阪、德島、香川、高知、愛媛、大分、宮崎、鹿兒島、沖繩、熊本、長崎、佐賀、福岡、山口、島根、廣島、岡山、鳥取、兵庫、京都、滋賀、福井、石川、富山、新潟、山形、秋田、青森、北海道、岩手、宮城、靜岡、山梨、神奈川、千葉、茨城、埼玉，最後到達東京。

番外篇

熊本熊被拒絕傳遞東京奧運聖火的原因

二〇二〇年東京奧運聖火傳遞將在日本境內進行一百二十一天，其中五月六日至七日兩天將在熊本縣境內傳遞，熊本縣最有人氣的代言人熊本熊與高采烈地想參與，但東京奧組委不想有贊助商之外的商業活動涉入，又不忍心直接拒絕這高知名度的可愛形象，想了半天，最後奧運聖火傳遞年紀不能低於十三歲的規定，讓只有十歲的熊本熊殘念。

其實東京奧組委拒絕熊本熊的原因有三個，除了未成年外，第二個理由是，熊本熊不是人；第三個理由更為重要，是全身毛茸茸的熊本熊易著火，為了安全起見，才婉拒熊本熊參與東京奧運聖火傳遞活動。

原本熊本縣在日本縣府的知名度並不高，為了提高知名度和能見度，熊本縣乘著九州新幹線開通的宣傳契機，推出熊本熊這個吉祥物，沒想到一炮而紅，可愛的形象在社群媒體推波助瀾下，不僅全日本，連全世界都知道有熊本熊這號卡哇依人物，相關的周邊商品也暢銷熱賣。

熊本熊推出之後，就讓熊本縣裡子面子全都風光，除了帶來豐厚的經濟收益，熊本縣的知名度迅速竄

近年熊本熊國際知名度大開，圖為熊本熊在倫敦宣傳。（攝自東京熊本縣產品專賣店）

升，可以說是一隻熊救了一個縣。

根據統計，有了熊本熊的熊本縣，九州地區的排名從第六升到第二，關西地區排名從第六升到第三，首都區由第七升到第五。訪問熊本縣的意願增加十%，關西地區更多達二三%，熊本熊真是魅力無法擋。

二〇一一年熊本熊的經濟效益約二十五億日圓，隔年就成長十倍，來到二百九十三億日圓；二〇一五年首度突破千億日圓大關，二〇一八年則高達一千五百〇五億日圓，真是一隻不折不扣的金熊。

高知名度的熊本熊想參加東京奧運聖火傳遞，初衷只是湊熱鬧，但看在其他聖火傳遞贊助商眼裡卻是蹭形象所以不了了之。不過反過來說，如果熊本熊、Hello Kitty、哆啦A夢……日本知名卡通形象都參與東京奧運聖火傳遞，那對東京奧運的宣傳可是錦上添花啊！

近年來熊本縣授權海外廠商使用熊本熊形象，一度引起熊本縣廠商不滿，後來地方政府同意當地廠商無償使用熊本熊形象，風波才告平息。

PART 2
創意與創新

奧林匹克運動會除了運動賽場上的競爭外，每一屆的奧運都被全球視為是一場「創意設計大賽」。各屆的主辦國在這方面格外重視，無不調動最好的創意及設計人才參與，從內到外呈現一個國家的創新力。

一九六四年東京奧運，無論是一代建築大師丹下健三，或是系統符號高手勝見勝，他們的作品雋永流傳，影響到了五十六年後的日本設計後輩。而當代的日本設計家，他們在奧運獎牌、聖火火炬、會徽和競技圖標等創作上，除了導入個人風格特色外，也不忘在作品中蘊含向老前輩致敬的意念。

另外，在吉祥物設計上也引進時下最流行的「共創」，而且共創的人選是國家未來的主人翁；選手村運動員所睡的床板竟然是用紙作的。這兩項都創下奧運史上的第一。

另外，本屆東京奧運會要凸顯的特色是環保和永續，設計家們掏空心思設計出令人讚歎不已的創意作品。以下就讓我們來細細品味。

飄櫻吹雪——融合日本絕世美景的聖火火炬

日本是個觀光大國，根據日本政府觀光局官方資料，二〇一八年就有三千一百二十萬的外國觀光客造訪日本。一九六四年日本東京第一次舉辦奧運會，當年的觀光客約三十五萬人，二〇二〇年東京再度舉辦奧運，估計外國觀光客人數將比五十六年前成長一百倍，預計有四千萬國際旅客到日本旅行。

除了東京奧運是吸引外國人到訪日本的關鍵外，日本細膩精緻的東方式美景，也是長年各國旅人醉心不已的重要原因。如何把奧運與日本美景結合，自然是東京奧運組委會關切的重點。

陽春三月，正是日本各地飄櫻繽紛，遍地櫻吹雪的季節。二〇二〇年東京奧運會的聖火傳遞活動，就訂在三月二十六日從福島開始，展開為期一百二十一天的全日本火炬接力。象徵「更快、更高、更強」的奧林匹克聖火，如何全程在絕色春櫻的陪伴下，直到七月二十四日在東京新國立競技場的聖火台點燃，正是這屆奧運聖火火炬的設計核心。

設計聖火火炬的重任交給了日本當代設計大師吉岡德仁（1967-），他被美國新聞周刊評選為「世界尊敬的一百位日本人」之一。吉岡涉獵的美術領域很廣，包括建築、工業設計和現代美術，作品以自然為主題，由於感官知覺超越一般常人，在國際上有很高的評價，也獲得多項國際大獎。

美國紐約現代博物館（MOMA）、法國巴黎龐畢度中心（Centre Georges Pompidou）以及英國倫敦維多利亞與亞伯特博物館（V&A），都有收藏吉岡德仁的作品。

吉岡透露火炬設計成櫻花圖案的靈感來源，是他和三一一地震的孩子畫出的櫻花圖案。他說孩子們畫的每一朵櫻花都充滿著活力，就像人們正努力地克服災難，重新站起來一般。他想透過這個設計，向全世界傳達他們這份力量。

由鋁材質製成的奧運聖火火炬，長七十一公分，重一．二公斤，顏色呈淡金色，官方稱之為櫻花金（Sakura and Gold），上面刻有第三十二屆東京奧運會的會徽，從正上方看下來，是一朵正在盛開的櫻花，圖案取自傳統的日本櫻花紋樣。五片花瓣、一朵櫻花，是代表日本全國上下團結一心。

製造火炬的鋁材質很有意義，有三十%的再生鋁是來自三一一東北大地震當時災民所居住的組合屋的鋁製窗框。這一點是比喻日本重建的信心，象徵這是一朵從災難中盛開的希望之花。所有的鋁材都來自回收，也代表對環境保護的重視。

整個聖火火炬是由單片鋁金屬壓製而成，不但一體成形，而且完全無縫。所用的技法正是日本的驕傲，也就是生產新幹線子彈列車的「鋁擠壓」的高端技術。一支聖火的火炬，融合了日本的古老傳統、最新的技法和重建的希望，創意和創新令人讚歎。

東京奧運聖火接力的LOGO，是將燃燒中的焰火分三個不同大小的長方形做幾何變化。三種長方形代表參賽各國的國情、文化和思想上不盡相同，透露火炬將差異做融合。顏色則選用朱紅色和黃赭色兩種日本傳統色彩。朱紅色代表能量、熱情、活力和情感；黃赭色則強調滋生萬物、藏物無盡的大地。

2 1
3

1. 2020東京奧運會聖火火炬。（攝影／劉善群）

2. 東京奧運聖火火炬上刻有第32屆東京奧運會的會徽。（攝影／劉善群）

3. 東京奧運聖火火炬從正上方看下來，是一朵正在盛開的櫻花。（攝影／劉善群）

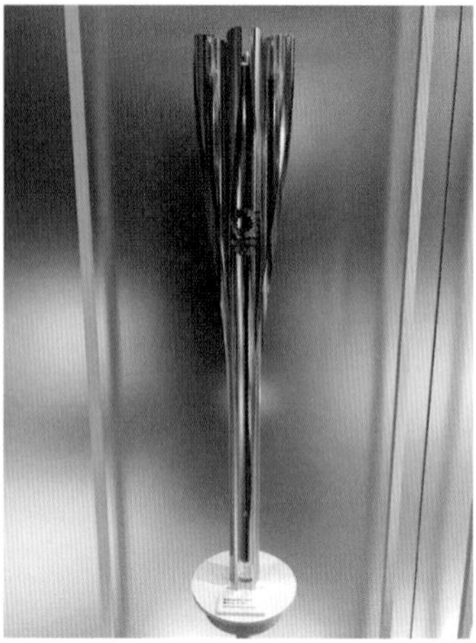

5 4

4. 2020年東京帕運聖火火炬，形體上和東京奧運聖火火炬相同，但顏色有所區隔，偏向金色。（攝影／劉善群）

5. 2020年東京帕運聖火火炬上刻有東京帕運會徽。（攝影／劉善群）

歷屆奧運聖火火炬都是名家精心設計之作，位於東京的日本奧林匹克博物館有相當完整的陳列。（攝影／劉善群）

進入第21世紀的奧運聖火火炬，設計偏向流線與金屬感。（攝影／劉善群）

2020年東京奧運聖火火炬製作過程

2020年東京奧運聖火火炬介紹

2020年東京奧運聖火傳遞活動概念宣傳影片

為了呈現日本美學特色，火焰的朱紅色還用到了日本浮世繪中經常用到的漸層塗拭（ふきぼかし）手法，讓火焰能彰顯動感。

火炬手的服裝設計也相當具創意和創新，而且強調與日本傳統及奧林匹克精神無縫接軌。服裝明顯地印上斜肩帶，代表著日本古老長距離接力賽（驛傳）用斜披肩帶代替接力棒；斜肩帶的顏色為紅色漸層，象徵奧林匹克聖火不斷前進、永不止息。

至於服裝的材質也有環保精神，有部分是使用保特瓶回收的材料所做成的。

服裝設計師尾花大輔是知名品牌 N. HOLLYWOOD 的設計師，他認為二〇二〇年東京奧運會既然定義為「重建的奧運」，就必須把每個傳遞聖火的火炬手的信念和這個主題緊緊結合。從震災重災區作為火炬接力的起點，他希望來自各地穿著這套服裝的代表，將鼓舞和振作的精神傳遞到日本每個角落。

東京奧運聖火傳遞火炬手的服裝。（圖取自東京奧組委新聞發布資料）

八萬噸家電垃圾提煉製作的奧運獎牌

古代奧林匹克運動會在各項競賽獲得優勝的選手，會獲得以月桂枝和橄欖枝編織成的「桂冠」，代表天神宙斯給的最高榮譽。歷史上第一次把金牌頒給運動賽會的冠軍，要追溯到西元一四六五年在瑞士蘇黎世舉行的一場遊藝會，曾經把一面金牌頒發給三級跳遠的冠軍。

現代奧林匹克運動會從一八九六年希臘雅典舉行的第一屆比賽開始，優勝者都會頒發獎牌。不過給奧運獎牌方式很特別，冠軍是頒發銀牌，第二名是銅牌，第三名並未給獎牌。第二屆法國巴黎奧運會則是前三名頒發獎杯。現在奧林匹克運動會頒發金、銀、銅牌的形式，是從一九〇四年在美國聖路易舉行的第三屆奧運會開始。

國際奧林匹克委員會對每一面獎牌的大小和金牌含金量都有規定，獎牌直徑至少要六公分，厚度〇．三公分，重量不限，金牌的含金量至少要有六公克的純金（大部分材質為純銀）。

二〇二〇年東京奧運會在現代奧林匹克運動會歷史上，無論是獎牌的面積和重量，都創下了夏季奧運會的新紀錄。金、銀、銅牌的直徑都是八．五公分，重量分別是五五六公克、五五〇公克和四五〇公克。根據資料顯示，奧運史上最重的金牌出現在二〇一〇年的溫哥華冬季奧運會，獎牌重量達五七六公克。

環保問題是當今世界各國重視的議題，東京奧運組委會在這次奧運的活動中全面置入與環保相關的概念與行動。日本從一九八〇年即開始實施垃圾分類，是目前世界上垃圾分類做得最好的國家。二〇二〇年東京奧運會的獎牌，東京奧組委別出心裁，從二〇一七年四月一日開始，費了兩年的時間從七萬八千九百八十五公噸的家電和六百二十一萬支手機中，提煉出三十一公斤純金、三千五百公斤純銀和兩千兩百公斤純銅，所有要頒發的五千枚奧運獎牌，都是來自回收的家電和手機垃圾，這可說是奧林匹克運動史上的驚人創舉。

東京帕運的獎牌製作材質，和東京奧運同樣來自回收的家電和手機垃圾，但所有的金、銀、銅材質，必須到二〇二〇年的五月才能全部提煉完成。

其實光靠家電和手機垃圾的回收，無法完全提供奧運獎牌所需要的金、銀、銅材質，東京奧組委發動了群眾的力量，尤其是大型企業，才能達成需求目標。日本許多企業和公司都捐贈等待回收的公務手機，比如日本郵政就捐出了被淘汰的三萬支公務手機，東京瓦斯和三井住友銀行也分別捐出了四千支。TOTO（東陶）則是在廠區和辦公場所設置回收裝置，向全日本四十個集團據點的公司成員及家屬回收舊手機。

「打造永續的社會」是東京奧運主要訴求的目標之一，從垃圾中提煉金牌不但創意十足，還更強調了「小型家電再回收法」的重要，持續提醒國民做好垃圾分類和回收。奧運獎牌的材質總共來自二十八種電子產品。

「參與」和「共創」是目前全球在創新中兩個重要的概念，日本藉由電子垃圾回收落實「小型家電回收法」，更重要的是讓國民都可感受到自己對東京奧運會做出貢獻。東京都知事小池百合子就提到，每想到東京奧運的獎牌有一部分是自己的手機所製成的，就會對奧運和帕運更有期待！

根據聯合國報告顯示，二〇一六年全年產生將近四千五百萬噸的電子垃圾，但只有二十%被回收。過去十年全球報廢的手機將近一百億支，晶片的重金屬和有害化合物嚴重危害生存環境，有效回收更是當務之急。日本在主辦東京奧運時引進電子垃圾回收行動，再製作成象徵奧運榮耀的獎牌，環保、永續、共創、共生的舉措贏得全球讚賞。

東京奧運的獎牌由來自大阪的川西純市（1968-）設計。獎牌一面是古希臘勝利女神NIKE的形象，另一面則為二〇二〇年東京奧運的會徽。川西在勝利女神面的背後設計榮光的反射，他表示這是呈現競賽場上勝負皆有，都是在為榮光而戰。從光芒四射的呈現中，可以突顯勝利者所獲得的尊崇。獎牌另一面呈立體漩渦狀，中間刻上東京奧運會「組市松紋」集合而成的會徽，曲面角度各異的設計，闡示著運動員和支持者的活力與多元性。

獎牌的緞帶也有環保元素，用可再生的聚酯材料製作，上面印有東京奧運會徽的組市松紋圖案，更貼心的是，圖案採用視障人士可觸摸的凸點設計。

1
3　2

1. 由川西純市設計的2020年東京奧運金牌，獎牌呈立體漩渦狀，中間刻上東京奧運會「組市松紋」集合而成的會徽。（攝自日本奧林匹克博物館）

2. 2020年東京奧運會銀牌，直徑8.5公分，重量550公克。（攝自日本奧林匹克博物館）

3. 2020年東京奧運會獎牌，無論在面積和重量上都創下歷屆奧運之冠。圖為東京奧運銅牌。（攝自日本奧林匹克博物館）

2020年東京奧組委為每面獎牌配製了專用木盒。（圖取自東京奧組委新聞發布資料）

1896 年第一屆雅典奧運會，獲得冠軍頒的是銀牌而非金牌。圖為當年獎牌的正面設計。（攝影／劉善群）

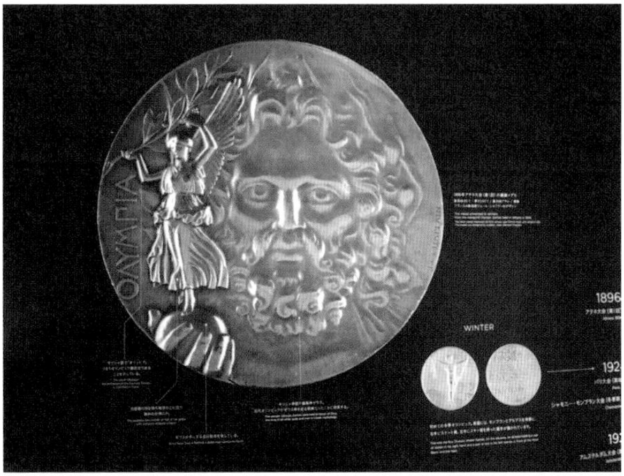

2020 年東京奧運
獎牌介紹

2020 年東京奧運
獎牌製作過程

1964 年東京奧運金牌，現陳列於日本奧林匹克博物館。（攝影／劉善群）

國際奧委會對獎牌設計的規範是在一九〇七年舉行的執委會上，一九〇八年倫敦奧運會開始，獎牌正面必須使用國際奧委會制定的勝利女神NIKE圖案，背面則由主辦國自行設計。

除了獎牌之外，東京奧組委也為每面獎牌配製了專用的存放盒，盒子的材質是天然木材。為了向獲獎的選手致敬並且強調獨一無二，每個木盒都由日本工匠精心打造，盒面上的木紋自然天成，不會重複。

奧運史上頭一遭——由小學生票選出的吉祥物

日本是世界頂尖的動漫大國，二〇二〇年東京奧運會的吉祥物到底會是什麼？這個疑問從二〇一六年巴西里約奧運閉幕典禮上就一直被熱烈討論。當日本首相安倍晉三穿著超級瑪利歐的服裝出現那一刻起，許多人就猜測瑪利歐是否就是四年後東京奧運的吉祥物。

自此，日本所有知名的動漫角色都在猜測名單中，包括神奇萬能的哆啦A夢，全球女性最愛的凱蒂貓，專門對抗邪惡勢力的鹹蛋超人，還有火隱忍者、七龍珠、原子小金剛、甚至是名偵探柯南……等等，通通都被點到名。

但在創新和共同參與的兩大原則下，東京奧組委向全日本公開徵集奧運和帕運的吉祥物設計作品，並於二〇一七年十二月七日公開三組作品，分別是機器人、招財貓／狛犬以及狐狸／狸貓三組造型。緊接著就展開奧林匹克運動史上的吉祥物創舉，由日本全國二十八萬個班級的國小學生投票決定東京奧運的吉祥物。

東京奧組委人員表示，這個全國小學生參與的票選活動，不但要吸引孩子們關注二〇二〇年東京奧運，更希望透過小孩對父母親的影響力，擴大到連家長和大人們都能支持奧運會的舉辦，讓東京奧運成為一屆真正全民參與的奧運盛會。

二〇一八年二月二十八日，東京奧組委正式公布吉祥物名單，由現代感十足，且充滿活潑熱情的機器人組雀屏中選。其中藍色的機器人名叫「Miraitowa」，為二〇二〇年東京奧運的吉祥物代表；粉紅色的機器人則命名為「Someity」，兩個名字和人物設定都深具意義。

代表奧運的Miraitowa，名字是日文的「未來」（mirai）和「永遠」（towa）所組成。人物設定則是注重傳統，正義感十足，運動神經發達並有超能力，象徵人類及奧林匹克的未來更美好，並且能夠不斷綿延、永續深遠。

代表帕運的Someity，粉紅的顏色對應著十足代表日本特色的染井吉野櫻（Somei Yoshino，染井吉野也正是東京都的都花）。另外，Someity讀起來和英文「So mighty」近似，寓意著強大而有力。Someity的人物設定除了和Miraitowa一樣有超能力，她熱愛自然，能和風與石頭對話，更神奇的是，透過眼神就能移動物體。

Miraitowa和Someity的設計人谷口亮（四十四歲，福岡人），職業為自由插畫家。從小就愛看漫畫，尤其是《周刊少年JUMP》。谷口曾經留學美國加州卡布里洛學院，主修設計和插畫。

從美國回到日本的前五年，谷口在繁榮的天神街上販售印有自己設計形象的明信片，後來有機會創作小學課外講座「Challenge Touch」原創角色。二〇〇七年，谷口亮設計了知名藝人早見優和松本伊代的單曲

1. 2020 年東京奧運的吉祥代表「Miraitowa」。（攝自日本奧林匹克博物館）
2. 代表奧運的 Miraitowa，和代表帕運的 Someity。（攝自日本奧林匹克博物館）
3. 2020 年東京奧運吉祥物設計草稿。（攝自日本奧林匹克博物館）
4. 2020 年東京奧運吉祥物上色初稿。（攝自日本奧林匹克博物館）。

2	1
4	3

《Cutie★Minnie》封面。在創作入選東京奧運吉祥物後，谷口亮也開始走紅，受邀設計著名動畫《海賊王》的Q版周邊商品。

谷口曾表示，他創作奧運吉祥物的靈感，來自二〇一六年里約奧運閉幕典禮上的「東京八分鐘」表演。當他知道東京奧運吉祥物作品公開徵集活動後，看完「東京八分鐘」他便開始思考，如果把即將到的未來和傳統相結合，就能完全呈現日本特色。順著這個思路，谷口用不到兩分鐘的時間就完成吉祥物的草稿。

谷口也在設定中說明，Miraitowa具有強烈的正義感和運動感，Someity則是有一種厚重的內在力量，以及一顆熱愛自然的善良之心。

夏季奧林匹克運動會有吉祥物，開始於一九七二年的西德慕尼黑奧運，此後每屆奧運會吉祥物都成為矚目的焦點，更重要的是，吉祥物所衍生出的周邊商品，是各屆組委會最重要的收入來源之一。冬季奧運會有吉祥物比夏季奧運會早了四年，一九六八年法國格勒諾勃（Grenoble）冬季奧運會，推出了奧運史上第一隻吉祥物舒斯（Schuss），是一個可愛造型的滑雪人。

一九九八年日本長野冬季奧運會，吉祥物則多達四隻，分別為Sukki、Nokki、Lekki和Tsukki，代表著森木中生命組成的要素：火、風、地、水。

一開始夏季奧運會吉祥物只有一隻，但從二〇〇〇年的雪梨奧運開始有了變化，當時推出Syd、Olly和Millie三個角色一組，形象可以組合用也能單獨拆開用，不但授權商品更多元化，收入也更可觀。

二〇〇四年希臘雅典奧運也推出了Phevos和Athena兩隻吉祥物，接下來的二〇〇八年北京奧運更是厲害，不是推出全球高知名度的貓熊，而是一口氣推出代表「北京歡迎您」的五福娃，貝貝、晶晶、歡歡、迎迎和妮妮，賺足商品授權利益。之後的二〇一二年倫敦奧運及二〇一六年里約奧運，吉祥物又回歸成一隻。

來自江戶時代的格紋——東京奧運會徽

奧林匹克運動會的會徽設計，從傳播的意義上而言，它是世人對當屆奧運的第一個記憶點。好的會徽設計可以博取觀眾的好印象，當然由會徽

1. 2020 年東京奧運會徽。（攝自日本奧林匹克博物館）

2. 2020 東京奧運及帕運會徽設計。（攝自日本奧林匹克博物館）

3. 2020 年東京奧運會徽是由三種形狀不同的長方形組合而成。（攝自日本奧林匹克博物館）

4. 2020 年東京的會徽代表來自世界各地參加奧運的隊伍各有其國家、文化和思想，呈現奧運和帕運的多元性。（攝自日本奧林匹克博物館）

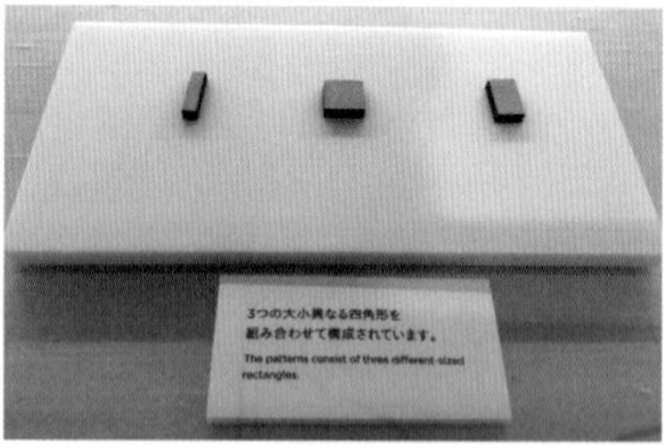

1964 年東京奧運會徽，在火紅的圓形太陽下，用金色呈現 TOKYO 和奧運五環。（攝自日本奧林匹克博物館）

日本奧林匹克博物館陳列歷屆奧運會徽。（攝影／劉善群）

衍生出的周邊商品相對地也能大賣，因此受到各主辦國的重視。

奧林匹克運動史上，第一屆到第七屆奧運會只有海報沒有會徽（第六屆因第一次世界大戰停辦），從定義上來說，奧運史上第一次有會徽的出現應該是在一九二四年的第八屆法國巴黎奧運會。這屆奧運會的海報和會徽是分開使用和張貼，可以說是奧運會徽的濫觴。

二〇二〇年東京的會徽由三種不同的長方形組成，代表來自世界各地參加奧運的隊伍各有其國家、文化和思想，也就是採用「和而不同」（Unity in diversity）方式，來呈現奧運和帕運的多元性，並串聯為四海一家的深遠意涵。東京奧組委表示，格子的設計在世界各國早已流行甚久，東京奧運會徽上的格子圖案有著濃厚的日本特色，優雅中兼具成熟。

東京的舊名為江戶，會徽上的組市松紋來自江戶時代（1603-1867）廣為人知的市松模樣（ichimatsu moyo），就是將傳統和現代的東京做連結。組市松紋在國際已是代表日本的符號之一，用日本傳統的靛藍色設計格紋，透露出江戶文化的風華和底蘊。一位不願具名的會徽選拔相關人員表示，組市松紋之所以能夠雀屏中選，圖案容易辨識且方便開發各種周邊商品是關鍵之一。

二〇二〇年東京奧運會的會徽設計人是野老朝雄（1969-），東京造型大學建築系畢業，後來又取得英國建築協會學院（AA School, UK）碩士。目前成立「朝雄工作室」（Tokolo.com），並兼任武藏野大學講師。他在會徽抄襲風波後加入設計稿競賽，壓力更為沉重。他自己形容說，想到整個頭髮都花白了！事實上這次東京奧運的會徽徵選競爭非常激烈，共有一萬四千五百九十九幅作品參與角逐。

東京奧運會徽其實也充滿野老朝雄個人的設計風格。他涉獵的領域跨越藝術、建築和設計，在二〇〇一年推出名為「朝雄模式」設計圖案，特色就是以幾何圖形為原點，手法雖為極簡，但能組合出多樣化且令人驚豔的作品。這項設計理論在東京奧運會徽上，明顯能看出野老朝雄概念斧鑿的痕跡。野老運用特有的設計理念在建築和設計的個案中，也多次獲得國際大獎肯定。

說到簡單，令人不得不提一九六四年東京奧運會徽，它是奧林匹克運動史上最成功的會徽。在火紅的圓形太陽下，用金色呈現 TOKYO 和奧運

2020 年東京奧運以吉祥物和奧運會徽開發了各種週邊商品，每樣都令人愛不釋手。（攝自 TOKYO 2020 OFFICIAL SHOP）

東京市區各處都看得到 2020 東京奧運的相關宣傳品，為即將到來的世界級體育盛會持續熱身。

五環，特別的是「五輪」（日本人稱奧運五環為五輪）不用官方傳統的紅、黃、藍、綠、黑五種顏色，而是全部用金色，讓設計更能凸顯一體感。如此極簡的設計的確讓人看了就印象深刻，加上當年東京奧組委廣泛使用在各式官方文件和宣傳物上，開創今後奧運會徽系統設計的新時代。

時至今日，在二〇二〇年東京奧組委官方的周邊產品商店中，帶有一九六四年東京奧運會徽的海報、T恤、旗幟等紀念品，依舊非常搶手，可見好的設計是商品長尾化的要素。

一九六四年和二〇二〇年東京奧運會的會徽設計都非常出色，但二〇二〇年這屆的會徽設計一開始發生了抄襲事件，最後不得不撤換，使會徽的設計過程中出現瑕疵。

二〇一五年東京奧組委曾公布由佐野研二郎所設計的二〇二〇年東京奧運會徽，但公布後不久就鬧出了全球關注的抄襲風波。比利時列日劇場（Theatre Deliege）的律師發函給國際奧委會和東京奧組委，由於會徽設計與劇場的 LOGO 太類似，要求立即撤換。

一開始，國際奧委會以會徽已經申請商標註冊確認，並沒有問題；佐野研二郎也召開記者會，強調對被指稱作品剽竊一事十分吃驚，這根本就是空穴來風。

直到列日劇場以著作權遭侵害為理由，向比利時當地法院提出訴訟，要求國際奧委會和東京奧組委撤換會徽，否則每使用一次就求償約新台幣一百五十萬的代價，事件越演越烈。

最後佐野研二郎以事務所名義發出聲明並道歉，聲明中表示設計團隊成員在作品中有一部分參考了第三方設計，他為此事感到抱歉。

東京奧組委在二〇一五年九月一日正式宣布，撤換原先公布的二〇二〇年東京奧運會徽，另行舉辦徵選活動，會徽抄襲風波才告一段落。

不過另有一件有趣的東京奧運會徽設計，雖非正式，但在網路傳播發達的現代，這件作品反倒成了「網紅」，被全球大量網友轉發、評論和點讚，聲勢凌駕於正式東京前奧運會徽之上。

這個非正式 LOGO 在 Google 搜尋比正宮還搶眼，以「2020 Olympic logo」關鍵字高居搜尋排名第一。國際權網路數據統計機構數據也顯示，這個非正式會徽圖案，被瀏覽了將近有二億次。另外它在 Twitter 上獲得六・五萬個喜歡，Reddit 上也有超過三萬個點讚。這樣的結果讓東京奧組委有點傷腦筋。

LOGO 的設計人達倫・紐曼（Daren Newman）來自英國，是一名設計師和插畫家，他的設計純屬個人興趣，與國際奧委會或東京奧組委並沒有任何關連。他只是在二〇一九年六月把這個作品貼在他的 Twitter 和 Instagram 上，沒料到這個無心插柳的舉動竟然引起全球網友的關注。還有網友到國際奧委會和東京奧組委的官方 Twitter 帳號留言，要求用紐曼作品取代已公布的會徽。

紐曼的設計特點也是簡約，巧妙地結合奧運五環、二〇二〇和日本國旗中的太

英國的達倫・紐曼所設計的「非正式」東京奧運會徽，關鍵字搜尋高居排名第一。（取自 Daren Newman Twitter）

陽，贏得廣大網友的喜愛。但也有人指出，紐曼的作品不能成為正式的奧運會徽，原因是國際奧委會在五環的使用上有嚴格規定，設計上不能破壞五環的完整性，紐曼的作品讓標準的五環出現兩個缺口，並不符合要求。

向一九六四年致敬！奧運競技項目圖標

二〇二〇年東京奧運會的競賽項目多達三十三項，預計有兩百〇五個國家和地區的運動代表團來到東京，雖然現代有網路、翻譯機等輔助工具可以解決溝通障礙，但簡單、明瞭、清楚的奧運競技圖標設計，可以讓所有人在最短的時間獲得正確的資訊。奧林匹克運動史上第一次有系統性的競技圖標設計，正是出現在一九六四年的東京奧運。

擔任二〇二〇年東京奧運會競技圖標設計的廣村正彰（1954-），畢業於武藏野美術大學，他在東京奧組委要求的「和諧創新」（Innovation from Harmony）理念下，設計出包括三十三種競技項目的五十個競技圖標。

除了藝術和美感外，廣村正彰的設計包含了向一九六四年系統化奧運競技圖標的前輩勝見勝以及山下芳郎致敬。他從一九六四年奧運競技圖標的原型上進行創新，並使圖標在運動員的動作上更具有躍動感，使選手們熱情洋溢的活力更有吸引力。

廣村正彰最擅長的就是標誌和圖形的設計，曾經設計埼玉市鐵道博物館的標誌。為了向一九六四年東京奧運所留下的設計遺產致敬，廣村和他的團隊用了兩年的時間來開發設計。他希望這些競技圖標在東京奧運期間能吸引世人的注意，並協助東京奧運能夠辦得更美好。

廣村正彰設計的奧運圖標以兩種形式呈現，一種為自由型（free type），另一種是藍底圓框型（frame type）。圖標的標準用色主要是和東京奧運會徽相同的靛藍色，另外也採用五個日本傳統顏色做為輔助，分別是紅（kurenai）、藍（ai）、櫻（sakura）、藤（fuji）、松葉（matsuba）。

自由型競技圖標用在奧運海報、門票和官方授權商品，圓框型圖標則用在競賽場地標識、賽程及賽會指南以及網路。

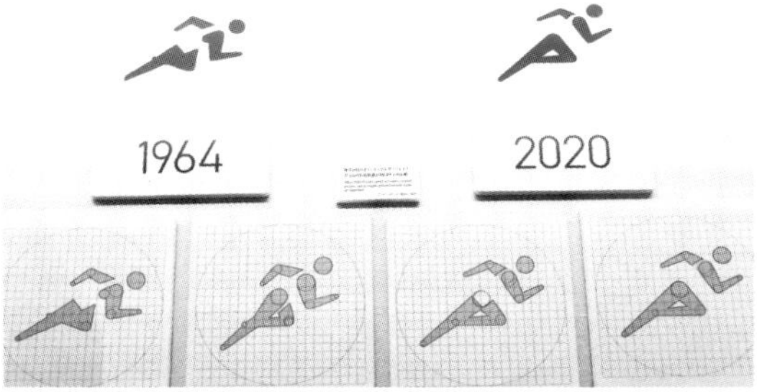

由廣村正彰設計的 2020 年東京奧運會圖標，是從 1964 年奧運競技圖標的原型上進行創新。（攝自日本奧林匹克博物館）

1964 年圖標

由勝見勝設計的 1964 年東京奧運會的競技圖標。（攝自日本奧林匹克博物館）

2020 年圖標

廣村正彰設計的包含 33 種競技項目的 50 個競技圖標。（攝自日本奧林匹克博物館）

一九六四年東京奧運會的競技圖標，出自日本知名設計師勝見勝（Katsumi Masaru, 1903-1983）之手。勝見勝畢業於東京帝國大學文學院美學美術史系，是日本現代設計界的開路先鋒，被稱為是「設計日本設計的人」。

勝見勝一生最具代表性的成功案例，就是為一九六四年東京奧運會導入競技項目圖標的符號設計。勝見勝在六〇年代致力於 Isotype（International System of Typographic Picture Education）國際印刷圖像教育系統推廣，簡單地說，就是為了資訊更流暢地傳達，用單純的、非文字性的方式而設計的一系列象形符號。一九六四年東京奧運設計圖標即應用這種設計方法。

勝見勝二十個簡單、清楚的奧運圖標設計，有部分靈感來自奧地利平面設計師 Otto Neurath 和 Gerd Arntz 所創造的系列交通符號。

參與一九六四年東京奧運競技圖標設計團隊的山下芳郎（Yamashita Yoshiro）回憶說，當時正好是對 Isotype 最著迷的時候，這也是東京奧運圖標的設計核心。透過競技圖標的設計，為一九六四年東京奧運會減少了許多語言的溝通障礙。

另外有一點您可能不知道，在我們現在的日常生活中，有一種最明顯的圖標也來自一九六四年的東京奧運，那就是在各種公共場所看到的男女廁所的圖標。這個圖標對人類可說是大有貢獻，任何人在內急的時候，可以用最快的速度找到或辨識到洗手間在哪裡。現代許多男女廁所的圖標，大部分都是在一九六四年東京奧運的基礎上再做變化。

不會吧！東京奧運讓選手睡紙做的床

二〇二〇東京奧運強調環保和永續的理念，獲得日本國民的全力支持，除了獎牌、聖火火炬、會務人員的服裝是用回收的再生資源製作外，連選手村內提供給世界各國和隊職員的寢具和床鋪也都是用環保材質製作。

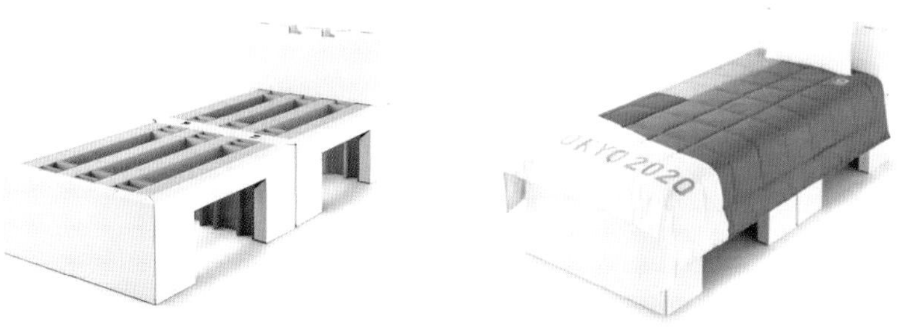

東京奧運選手村裡的 26000 張床，都是用硬紙板組裝而成，完全是從環保、節約和安全三方面來考量。
（取自東京奧組委新聞發布資料）

配備在選手村裡的兩萬六千張床，通通是用硬紙板組裝而成，理由很簡單，就是為了環保和撙節開支。根據東京奧組委和贊助夥伴廠商airweave Inc. 所公布的床組結構，就是用硬紙板做成紙盒模組，再組合成一張張奧運選手村的床架。這又創下奧林匹克歷史上的先例。

東京奧組委官員說明，用硬紙板製成床架模組完全是從環保、節約和安全三方面來考量。紙板在運輸和組裝的程序上可以節省不少人力成本，比起木質的床架，紙板床架也比較安全，減少選手在奧運會期間發生意外的機率。

床墊的材質是聚乙烯，可依個人需求在肩部、腰部和腿部做軟硬度調整，例如長跑選手，就會在腿部調整得比較柔軟，游泳選手則可以在肩部做調整。長度也可依身高需求調整為加長版，讓所有選手都能找到屬於自己的舒適度。

有人質疑運動員人高馬大的不在少數，這紙床架加上聚乙烯床墊能撐得住嗎？東京奧組委以標準床規格為例，床的長度二百一十公分，寬度九十公分，高四十公分，可承受的重量達兩百公斤，所以不用擔心。

除此之外，棉被和枕頭也都是用環保材質製作而成。

二〇二〇年東京奧運和帕運的總預算，目前估計大約要用到一兆三千五百萬日圓，要回收可說是困難重重，奧組委唯有在細節上透過創意來達到節約成本的需求，真是難為他們了。

番外篇

浮世繪保險套

參加奧運會的運動員年輕氣盛，精力過人，生理需求多於常人，因此在奧運選手村提供保險套是絕對必要的。從歷屆的需求量來看，這個舉措是正確的，因為數字一屆比一屆高，而且還供不應求。二〇二〇年東京奧運，目前在保險套準備數量上還無從得知，但腦筋動得快的商人早已推出和日本文化緊緊結合的情趣用品：浮世繪保險套。

日本保險套製造商岡本公司和保險套商店「Comdomania」合作，二〇一九年十月推出最能代表日本傳統文化的浮世繪保險套，十枚一盒，售價二千日圓。選用的浮世繪圖案有二十種，但是圖形要完整呈現，必須在男歡女愛的戰場上才能窺得全貌。

日本的浮世繪藝術源自江戶時代，十七世紀到十九世紀發展最為蓬勃，主要描述當時人們的日常生活、風景和戲劇。浮世繪呈現的方式通常是彩色版畫，也有手繪作品，在國際上相當受歡迎，並公認為最能代表日本傳統的藝術之一。

據了解，保險套業者所選的二十幅浮世繪作品，以葛飾北齋所創作的《神奈川沖浪裏》最受歡迎。

在奧運選手村提供保險套是從一九八八年的漢城奧運開始，當時的

日本保險套製造商所推出的浮世繪保險套。
（廠商廣告圖片）

數量是八千五百個，平均每人一個。到了二〇〇〇年澳大利亞雪梨奧運會，數量激增到九萬個，平均每人八個。雪梨奧組委一開始只準備了七萬個，沒想到五天內全部發光，緊急再補貨兩萬個才解決。

二〇〇八年北京奧運會提供的保險套數量正式突破十萬大關，平均每人八．七個，不過最後有五千個沒發出去；二〇一二年倫敦奧運會發了十五萬個保險套，平均每人十五個，結果五天內全部發光。最為驚人的是二〇一六年的里約奧運會，總共發出四十五萬個保險套，是倫敦奧運時的三倍，而且全部發光光。

浪人的斗笠

二〇二〇年東京奧運舉辦的日期為七月二十四日到八月九日，正是盛夏時節，如果觀看的是室內競賽，還有空調可以吹吹，不至於熱

東京奧組委官方推出的創意傘帽。（圖取自東京都廳新聞發布資料）

到什麼程度。但如果看的是室外競賽，那遮陽避暑的工具可少不了。

東京奧組委推出一種類似日本古代浪人或劍客所戴的大斗笠，其實就是一頂可以收起的傘帽，大小和一面陽傘差不多，考量到為支持的選手或隊伍加油打氣時要用到雙手，這個傘帽一舉兩得，可以遮陽，也讓雙手可以空著，更重要的是不會像撐傘般會擋到後排觀眾的視線。

不過這頂傘帽推出時網路上的評價並不好，有人批評戴這個實在太醜，也有人形容像古裝日劇中的路人甲，甚至有人毒舌說，像是把有毒的大蘑菇放在頭上。

可是當東京奧組委把這個創意傘帽發給人試戴後，評價出現一百八十度大逆轉，用過的人都說這傘帽比一般帽子遮陽，通風效果也不錯，可以列入觀賞奧運室外比賽的標準配備。

消暑神發想

除了浪人斗笠造型的傘帽外，東京奧組委在消暑上花了不少心力，甚至想到了從心靈層面去降溫。

東京奧組委別出心裁的設計出「牽牛花盆栽」，據說看了就會覺得特別涼快，是東京奧運期間的消暑神器。您相信嗎？

最直接的消暑方法東京奧組委也做過，嘗試在比賽場地上直接進行人工灑雪實驗。不過夏天的東京酷熱難擋，三百公斤的碎冰從天上撒下，溫度卻一點也沒降。

二〇一八年的夏天，東京有九萬五千一百三十七人中暑，目前人口流動多的街口已經設置噴霧，人停留在裝置裡體感溫度可以下降四度左右。這項裝置我在一九九六年亞特蘭大奧運時就曾見過，噴出來的水分子極細，沒有被水直接噴在臉上的感受，眼鏡也不會起霧。

PART 3
科技與未來

日本是世界第三大經濟體，也是工業強國和科技大國，對科技研發重視的程度用以下兩個數字就可一目瞭然。日本早在八〇年代就決定「技術立國」的國家大戰略，每年研發科技的經費高達一千三百億美元，高居全國第二；核心科技專利佔全球的八〇%以上，更名列世界第一。二〇二〇年的東京奧運和帕運，正是日本展現傲人科技實力的大舞台。

一九六四年日本第一次辦奧運，在全日本普及的彩色電視和抽水馬桶只是民生小事，從東京到新大阪的世界第一條高速鐵路，也就是後來被美稱的「子彈列車」，令日本在交通運輸科技上執世界的牛耳。羽田機場到濱松町的單軌列車，代代木體育館和武道館，五十六年之後還能為東京再次舉辦奧運服務，科技和技術的遠見與縝密，不得不令人對日本佩服。

二〇二〇年日本透過東京奧運和帕運，將向全球展現雄厚而傲人的科技實力，從無人車、機器人、人工智能、人臉辨識、電視轉播技術等，甚至不惜重本要在開幕典禮下起一場流星雨，都是令全世界觀眾引頸期盼的內容。

未來都市交通工具——無人車

日本首相安倍晉三曾在二〇一五年十月舉行的「科學、科技與社會」（Science and Technology in Society）的科技論壇上，自信滿滿地對全世界宣稱，二〇二〇年東京街頭將到處看得到無人車，而且可以載人到處逛逛。如今，安倍這個宣言實現了嗎？

舉辦奧運會對一個國家來說，往往會是一個邁進新世代的起點。五十六年前，東京在戰敗後重新振作，用一九六四年東京奧運會向全世界展現日本全面復興的成果，其中從東京到新大阪的「子彈列車」，是世界上第一條高速鐵路，時速超過二百公里；從濱松町到羽田機場的單軌列車，全長有一三．一公里，也在東京奧運會開幕前一個月通車。時至今日，這條單軌列車還在運行，每天運載的乘客人次有二十五萬。

一九六四年東京奧運的交通建設，奠定東京日後成為國際一級大都會的基礎。日本首相安倍晉三自信的無人車宣言，正是要向全球宣告，從二〇二〇年的東京奧運會開始，日本將進入未來交通運輸系統世代，無人車就是計畫的一部分。

用無人車振興日本經濟，相關的行車立法、自主技術研發和預算的籌措，重擔都落在安倍晉三的肩膀上。安倍自己曾經搭過無人車的實驗品，對技術是信心十足，他將把無人車導入東京奧運的場館、選手村和媒體中心之間的交通連結，將經驗做為日後全面商轉運營的參考。

這項無人車計劃，個人認為成功的機率很高。根據採訪過四屆奧運會的經驗，每個城市都有規劃奧林匹克車輛專用道，以便整個賽事運行順暢，東京奧運所導入的無人車如果是運行在奧林匹克車道上，大大降低遇上交通突發事件的機率，也能明顯發揮無人車的作用，更做到節能減碳的環保要求。

豐田 e-Palette 無人車

由豐田汽車所提供的 e-Palette 無人車，將與其他兩種不同類型的全新「燃料電池」車輛，組成總數三千輛的東京奧運官方專用車，穿梭於各競賽場館、選手村和新聞中心。

e-Palette，豐田把它稱為全新的移動平台，為未來的交通運輸技術提供全新的解決方案。e-Palette 配有八個車輪，車門是側滑式而非開啟式，車身長度可以根據需求，調整在四公尺到七公尺之間。

每輛 e-Palette 都裝有自主研發的尖端輔助駕駛系統「Guardian」，系統中功能強大的 Luminar 雷射雷達偵測器，可以掃瞄車身兩百公尺範圍內的大型障礙物。另外佈及全車的短程雷射雷達感應器，可以偵測靠近車子的行人或路上的碎石，強力守護行車的安全與避免可偵測的意外。

e-Palette 無人駕駛概念車已經在二〇一八年年初公開亮相，車身呈立方體，以電力驅動，車內沒有駕駛座和方向盤，完全由程式設定操控，並且沒有任何手控裝置。全新「燃料電池」汽車，則是由氫、氧經化學作用所產生的動力來運行。

e-Palette 既然被豐田定位為平台，它就可以扮演著公共交通、運輸物流和體驗空間及移動商店的角色。其中體驗空間和移動商店的功能十分受到注目。豐田所要顛覆的是都會中的黃金店面，透過 e-Palette 打造全新的「新零售」、「新消費」的產業鏈。

e-Palette 的車身呈矩形方體，又沒有駕駛位和方向盤，空間的應用多了很多想像。如果你正好要從新宿到目黑，正好來了一輛拉麵車或丼飯 e-Palette，正好可解決交通和吃東西兩件事，非常符合移動年代的需求。過去的概念中，店家是固定的，人必須移動到店家消費。e-Palette 將顛覆店家固定的定義，讓消費者有多樣性的選擇，增加許多享受美食的機會。比如說，今天你人在西門町，想去東區吃一蘭拉

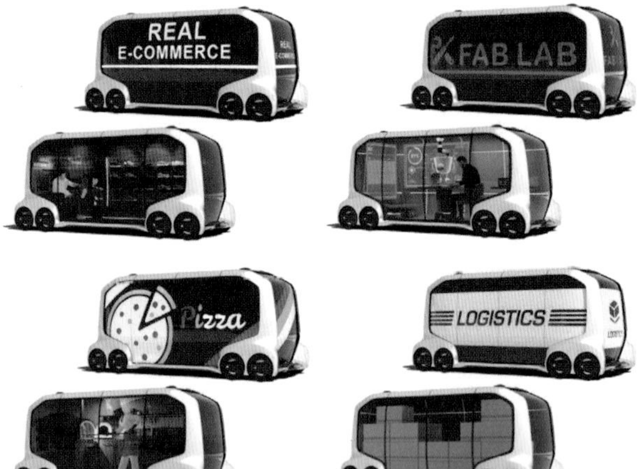

豐田汽車將在 2020 年東京奧運推出的無人公車 e-Palette。圖為 e-Palette 概念圖。（TOYOTA）

麵，但如果此時正好一台一蘭拉麵的e-Palette就停在你面前，而且方向是往你在永和的家，你能抗拒上車的誘惑嗎？這種便利性、實用性和可行性兼具的解決方案，真是符合新世代的要求。再比如來了一輛由你包下的卡拉OK的e-Palette，你可以無拘無束地和朋友在車上歡樂開唱，One night in Taipei不再是一個點，而是運行在台北市的車水馬龍中。

豐田已將自己從過去的汽車企業轉型成移動解決方案企業（這點有點像現在的IBM），挑戰的口號為「Start Your Impossible」，並在自動化、移動化、智能化的時代浪潮中，把所有合法蒐集的數據用物聯網做連結、分析與整合，並將競爭對手設定為Apple、Google和Amazon等巨型科技大擘，這樣的做法才能讓豐田在全球化瞬息萬變的激烈競爭中屹立不搖。

日本政府將東京無人車計劃定位為「無人車商業化」的元年，但事實上它是包含在日本自主研發的交通運輸新技術的戰略布局中，這個計劃也包括與虛擬電廠及人工智能的串連。日本政府這麼做的原因，除了確保在創新技術保持領先歐美之外，面對日益高漲的勞動成本和全球經濟成長放緩，唯有這麼做才足以因應未來的需求。

ZMP 無人車

日本開發無人車除了豐田外，本田、日立等大廠也都投入研發。剛才提到的東京奧運無人車運行計劃，只服務參加奧運的運動員、隊職員、媒體和組委會工作人員，一般人在東京奧運時能體驗搭乘無人車嗎？可以的，日本有家 ZMP 公司已經提出一種「現付現走」的無人車，而且還做了一場大型的街頭預演。

ZMP 這項街頭實地預演試乘，總共有一千五百人報名，錄取九十人，每人必須支付一千五百日圓的體驗費。每位試乘者用手機 APP 下單叫車，為了安全起見，無人車在預演時仍在該輛車上保留一名隨車人員，以便在意外狀況發生時能立刻接管無人車。無人車載著試乘者在東京熱鬧的車潮中趴趴走，根據結案數據報告，試乘期間雖有小狀況，但完全沒有重大事故出現。

另外，東京羽田國際機場也安排無人巴士供遊客往返於市區。無人駕駛巴士配有一名安全監管員，只有在意外或故障發生時才會接管巴士的操作。全日空也在羽田機場兩個航站間安排十人座的無人駕駛小巴士，小巴士由GPS和車輛傳感器操作，行進間讀取路上已安裝的磁卡，決定駕駛的路線。小巴士時速約三十公里。

目前日本已有其他無人車正在進行街頭試行，隨著行車法令規範和東京奧運這個超大實驗場域，日本在無人車自主技術和執行經驗，都將站在世界這個領域的尖端，開啟日本走進新交通、新經濟的世代。

ZMP 公司提出的「現付現走」的無人車。（圖取自 ZMP 官網）

機器人

曾經看過一本名為「未來產業」的書，內容直接點出，人類到二〇五〇年都不會退流行的產業包括機器人、生物科技、大數據、編碼和網路安全，其中特別強調在5G時代來臨，每個人至少都會有三張SIM卡，一張在手機，一張在家中的中央控制系統，另一張就是家裡的機器人。

一向在機器人領域走在世界尖端的日本，二〇二〇年東京奧運怎會讓機器人缺席，奧組委在二〇一九年三月就公布了「二〇二〇年東京奧運機器人計劃」，參與合作的是松下和豐田這兩家日本知名大企業。計劃負責人是日本產業技術綜合研究所機器人創新中心主任留川博久，他認為二〇二〇年東京奧運是日本向全世界展現機器人科技實力的最佳時機。

根據朝日新聞報導，東京都政府已經啟動一個名為「全市安裝機械器人計劃」，他們在「邁向未來社會」的目標下，堅定認為機器人和資訊科技可以協助各年齡層和跨國界的人們解決問題。

東京奧運選手村設在晴海灣區，離台場相當近，而台場著名的地標之一就是高達十八公尺的機器人鋼彈模型。東京奧運期間，奧組委將會在選手村中安排各式機器人，讓選手村成為「機器人村」的試點，協助解決各國運動員和隊職員的問題。東京街頭也會出現不同的機器人，協助每天高達九十二萬外籍遊客翻譯、導航和叫車等問題。

豐田公司已亮相的機器人包括「服務機器人」和「搬運機器人」兩種。東京奧運期間豐田公司會提供十六個「服務機器人」，主要服務對象是人，高度可以在一〇五公分到

豐田為 2020 年東京奧運推出了 5 種機器人。（TOYOTA）

一四〇公分之間做調整，可以與人對話，也能全方位移動，手臂有撿拾東西和傳送物品的功能。「搬運機器人」豐田提供十個，同樣可以全方位移動，配備一個可以承受十二公斤的物品箱子，傳送到定點後，也能從箱中取出東西交給人。

松下公司提供的機器人裝置配備在搬運比賽裝備及運動員行李的工作人員身上。機器人裝置看起來像背包形狀的輔助工具，重約四．五公斤，鋰電池充滿後可以持續工作四個鐘頭，裝置的類骨骼功能，可以減輕搬運者四十％的腰部肌肉負擔，使搬運者能夠節省體能並提高工作效率。

豐田未來創新中心的負責人古賀嘉彥有一段話說得非常好，豐田從二〇〇四年開始研發機器人，協助殘障人士及高齡人士方便移動，豐田本身也從汽車業向移動服務業轉型。但是移動不僅包括人和物品的物理移動，也可通過虛擬介面將現場傳遞到遠方和朋友分享。人類通過虛擬移動得到新的體驗或相知相遇，進而心生感動，而感動就是一種移動。

這句話說得實在太貼切了！機器人也是有溫度的，能夠協助感情的傳達。

東京奧組委安排在比賽會場的機器人包括以下幾種（皆由豐田提供）：

吉祥物機器人

以東京奧運吉祥物 Miraitowa 和 Someity 為外型的機器人，安排在比賽場地及設施的入口，全身配有小型關節，可以靈活操控，也能維持安全且細膩的動作。

吉祥物機器人可以和選手及觀眾互動，頭部安裝高畫質攝影鏡頭，當鏡頭識別出靠近的人之後，能透過眼神和動作的聯動，傳達出不同情感的問候語和表情。遠程吉祥物機器人之間也能同步手臂動作和力量大小。

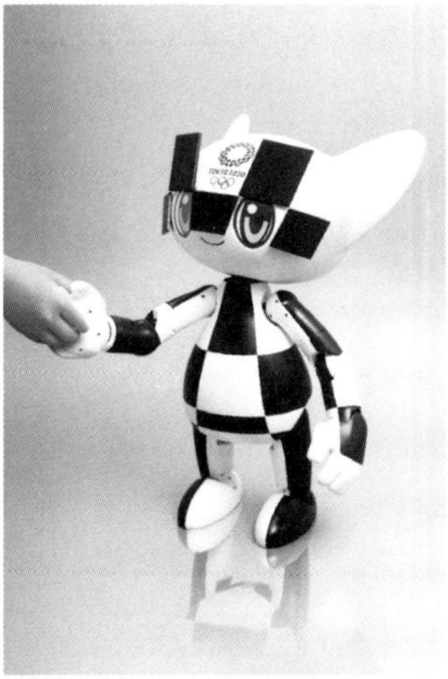

以東京奧運吉祥物 Miraitowa 和 Someity 為外型的機器人。（TOYOTA）

仿真機器人 T-HR3

參與東京奧運會的觀眾，可以透過 T-HR3 吉祥物機器人，和選手們進行遠端交流。也就是把吉祥物機器人當成是控制器來操作 T-HR3，透過影像、聲音、動作和力量的傳達，就可和遠端進行身歷其境的互動。比如和運動員遠端擊掌加油。

遠端交流輔助機器人 T-TR1

這個由美國豐田研究單位所研發的可移動式機器人，裝有攝影鏡頭和顯示器，把無法到現場加油的觀眾，

仿真機器人 T-HR3。（TOYOTA）

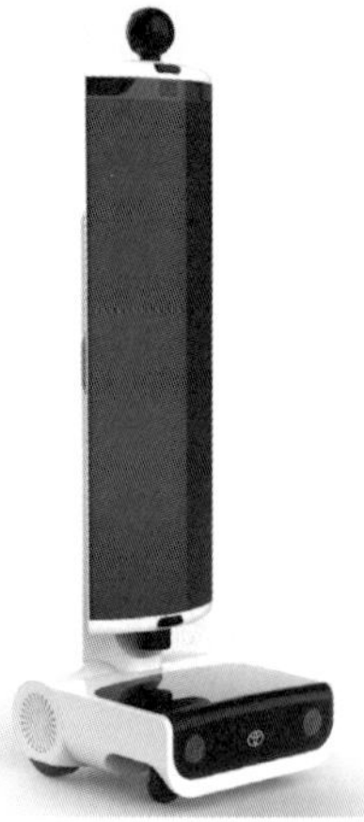

遠端交流輔助機器人 T-TR1。（TOYOTA）

透過顯示器放進賽場看台，仿如親臨現場的沉浸式體驗。

生活輔助機器人 HSR 和 DSR

HSR 置放在比賽看台的輪椅區，可以引導身障觀眾入場，也提供搬運及觀賽期間所需的服務。

DSR 是專程為二〇二〇年東京奧運所開發，可以通過專用的平板電腦下單訂飲料或餐點，並送到指定的輪椅區觀眾席。

DSR 被安排於田徑賽場的輪椅區，東京奧運期間有五百席，帕運也是五百席。

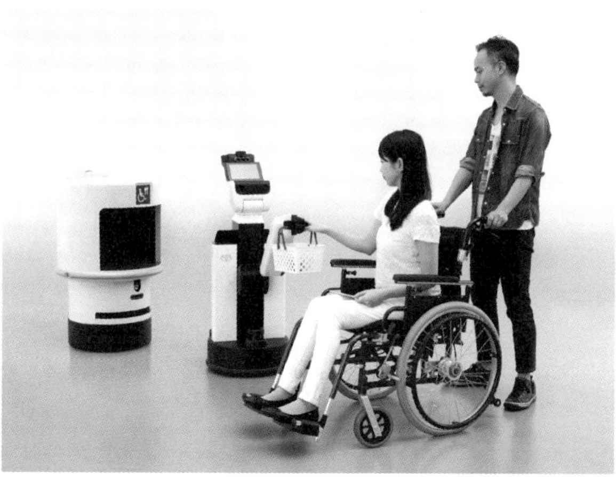

生活輔助機器人 HSR 和 DSR。（TOYOTA）

田徑投擲項目專用機器人 FSR

這種機器人在目前大型國際賽會也可看到，主要是在田徑賽的標槍、鐵餅和鏈球擲出後，能夠快速將擲出的器材運回投擲區，縮短比賽時間。FSR 也能自動跟隨工作人員移動，同時也能迴避障礙物。

田徑投擲項目專用機器人 FSR。（TOYOTA）

黑科技

「黑科技」這個名詞是源自日本動漫「全金屬狂潮」中的術語，意指人類現今科技和知識還不能達到的領域，現在也泛指超過現有水平的新科技。二〇二〇年東京奧運和帕運，日本到底能端出多少「黑科技」，全世界都在期待中。根據現有的資料，大致可整理如下：

人臉辨識

由日本電器公司 NEC 負責的人工智能臉部辨識系統 NeoFace，將投入二〇二〇年東京奧運和帕運的服務。這屆奧運參賽的運動員、隨隊人員、志工、組委會成員及媒體記者，估計總共將超過三十萬人，人臉辨識系統將設置於每個場館、選手村及媒體中心的出入口，協助人員進出和安全管控。這也是奧運史上的第一次。

歷屆的奧運會為了確保安全，安檢工作和進場人員身份核對往往用了不少時間，大排長龍的景象並不少見。現在有了人臉辨識系統的輔助，場館進出的管控時間將可以縮短許多，安檢人員的沉重緊繃工作也可得到紓緩。

日本其他企業在人臉辨識上也都提供了重要技術支援。

日立公司所提供的人員監控系統，可以在十秒之內，分析出一百台攝影機在過去一星期內所拍攝到的內容，並對特定人員找出他過去一個禮拜內的行動軌跡。

保全公司 ALSOK 則是在東京地標晴空塔上安裝攝影機，在三百四十公尺高的地方（約晴空塔一半的高度）架設攝影機拍攝高解析度畫面，迅速找出火災地點或違規高速行駛車輛的車牌號碼。

ＡＩ人工智能

針對東京奧運和帕運預計出現的一千萬人潮而發生的擁擠現象，日本政府已建立一個ＡＩ人工智能系統來進行緩解。

這套ＡＩ人工智能系統可以預測場館周邊的人流，尤其是熱門賽事或比賽開始和結束的熱門時段，會通過智慧型手機以及現場的大螢幕，每三十分鐘向觀眾推送一次區域擁擠的預測數，還有周邊道路前往交通樞紐的交通狀況，並提供最佳的前往路線引導觀眾回家或疏散。

ＡＩ人工智能系統也會主動提醒和調動安全警衛人員，前往人多擁擠的地方進行疏散人潮。

這裡有一個小插曲。日本食品公司卡樂比的總部就在東京車站附近，奧運期間人潮擁擠的程度會比現在多出好幾倍，上班遲到的員工必定不少。卡樂比公司為預防這種情形發生，提前一年試行在家上班制度，只有在開會時，利用電腦上的鏡頭進行視訊會議。試行結果還算不錯。

其實透過東京奧運的舉辦，日本公司和商社傳統的上班方式將受到衝擊，在家上班已成為一種不可逆的趨勢。目前已經有企業決定，東京奧運期間將執行在家上班制度，甚至有公司表明，東京奧運結束後要繼續維持在家上班制度。網路通訊發達年代，許多傳統一一被挑戰，制度一一被打破，公司的辦公桌不一定要一個人一個固定座位，人員也不一定要每天進公司，通過網路照常可以做管理和盯進度，最明顯例子就是傳統的報社工作。

時代在變，工作在變，人工智能將會是好幫手，同時可以節省不少決策成本。

AI體操裁判與智能評分系統

奧運會的體操項目一向是熱門中的大熱門，不過隨著選手技術不斷升級，有些細微的動作憑肉眼實在無法即時做出正確的判決。為了維持奧運比賽的公平性，國際體操總會將在東京奧運賽場上，引進由日本富士通公司所研發的「AI技術評分輔助系統」。

NHK報導，這套系統是透過向選手身體及周邊的二百個點，投射遠紅外線以追蹤體操選手的動作軌跡，並且立刻轉換成3D立體圖像。AI根據圖像對選手做出的翻滾、轉體等動作作分析，結合資料庫的數據，參照國際體操總會所訂定的評分標準，判斷技術的完成度，供裁判評分做參考。

AR、VR和3D全息投影

這項名為「新3D全息投影轉播技術」，由日本電信商NTT所研發。最大的特色是選手不必佩戴過多的傳感器，觀眾也不必戴上3D眼鏡，只要用上這套3D投影技術，就可看到如真人大小一般的虛擬立體影像，以及激烈的比賽氛圍，彷彿人就在真實的賽場當中。

NTT說明，能做到如此逼真，是他們在賽場上安排了多部攝影裝置追蹤選手的動作，然後同步將不同位置拍攝到的影像傳輸到3D立體全息圖的系統裝置上，觀眾就可看見如臨其境的影像。NTT估計，東京奧運會期間將有九百萬人觀看到這項影像技術。

NTT更厲害的一招，是他們已經開發完成一套整合無人機並支援5G的同步流媒體和觀看系統，NTT宣稱這個世界創舉，可以即時看到三百六十度8K的虛擬實境（VR, Virtual Reality）畫面。這可真是轉播技術的一大突破。

全新影像轉播技術

四年一度的奧運盛會，除了是世界各國運動員體能和技巧的競技，也是全球矚目的創意設計發表大會，更特別的是，最先進的電視影像轉播技術也都選擇奧運會作為全球首度亮相的場合。東京奧運和帕運所提供的電視影像訊號將是高解析度的８Ｋ（7680×4320）。

奧林匹克運動史上第一次有衛星全球同步轉播，以及第一次有彩色電視訊號轉播，這兩次大事都出現在一九六四年的東京奧運會。時隔五十六年東京再度承辦奧運盛會，會端出什麼樣的全新影像轉播技術，全世界的相關產業和觀眾都在期待。

二〇二〇年東京奧運電視轉播，結合ＡＩ人工智能、大數據和超高速雲端運算將會是亮點。兩年前，美國晶片大廠英特爾（Intel）就開發了ＡＩ人工智能對運動員動作的追蹤技術3DAT系統，他們將在二〇二〇年東京奧運開始導入，呈現英特爾「運算、連接、體驗」三大核心技術特色。這項技術是英特爾用最新的ＡＩ人工智能軟體結合雲端運算技術的攝影鏡頭，同時這個影像追蹤技術也支援深度學習的應用，可以在選手訓練或比賽時提供即時的3D影像。

3DAT追蹤影像系統應用在奧運比賽直播，觀眾可以在慢動作重播時，看到各種角度的3D影像，播報員和評論員可以就畫面做出更精準的分析和評論，大大增加比賽的可看性。例如一百公尺短跑，這套系統所提供的分析包括速度、領先或落後的位置、已經跑多少距離和剩下多少距離，同時也包括生物力學分析，讓觀眾在直播和慢動作重播時，能夠即時獲取更清楚的影像及數據。

此外，這項影像追蹤技術導入給選手和教練團隊使用，也能就數據、力學等細節提供給運動員做修正的參考，以提升更快、更高，更強的競賽實力。

二〇二〇年東京奧運和帕運轉播單位所提供的是8K訊號，所有場館的顯示器也都是8K，將電視轉播又帶入新時代。雖然目前一般家庭的電視大部分都可看4K影像，不過並未完全普及，東京奧運轉播用8K訊號，會不會跑得太快？答案是：當然不會。

每一屆奧運既然是電視轉播技術的練兵場，面板業者和影像設備業者早已磨刀霍霍，一旦奧運結束後，全球勢必掀起一股換機潮。

松下公司在東京奧運前也推出一套追蹤投影系統，它輸出的速度比一般投影機快了三十二倍。用這套投影設備可以經由真人和影像的結合，產生新的特效空間和令人震撼的美感。比如說韻律體操選手進行彩帶表演，選手只有動作沒有彩帶，彩帶是經由投影機投射，兩者相結合所產生的新視覺畫面，可以運用在許多的表演藝術中。

最先進的轉播技術和最高清的畫質，可以讓觀眾更享受奧運會的樂趣，但在此背後，龐大的經費預算和設備添購，壓垮不少轉播的電視台。一九五六年奧林匹克運動會在澳大利亞的墨爾本舉行，負責轉播的是國營的澳大利亞廣播電視公司ＡＢＣ，然而這次東京奧運由於權利金和預算激增，澳大利亞ＡＢＣ基於經費拮据，二〇一九年十一月十八日宣布不直播東京奧運，結束澳大利亞公營電視近七十年的奧運直播服務。當然，此話一出已讓澳大利亞ＡＢＣ遭受四方抨擊。

順便提到的是電子紙，在東京奧運會也將大量被採用，應用的範圍包括在比賽的計時器和計分板。電子紙的特性是光線越強越清楚，尤其適合室外比賽場地。面板和電子紙都是台灣廠商比較有能力的競爭項目，應該積極投入，搶分這塊市場大餅。

5G在東京奧運扮演重要角色

5G這個名詞在時下可說是無所不在，到了二〇二〇年，包括台灣在內，全世界將有十八個國家和地區完成5G訊號布署，日本也將在東京奧運會之前全面鋪開5G訊號。

5G在東京奧運會的運行上扮演極其重要的角色，在本書科技篇所提到的機器人、無人車、人臉辨視、3DAT影像追蹤系統等先進技術應用，每一個都少不了5G訊號的快速連結，少了5G，可說是一個也動不了。

二〇二〇年東京奧運的5G技術，將由日本電信公司Docomo和英特爾合作，布署奧運期間所需的5G訊號和相關設備布署。英特爾在二〇一八年韓國平昌冬季奧運會，就曾和韓國電信公司KT合作5G，為十個競賽場館提供二十二個5G連接訊號，支持的網路流量為3800TB。

先前提到英特爾的三大核心技術特色是：「運算，連接、體驗」，其中的連接就是5G，沒有5G就沒有體驗。

東京市區的網路設備官方合作夥伴是思科（CISCO），主要負責網路的互聯和安全，身為東京奧組委合作夥伴的英特爾，所提供的處理器「至強」、SoC以及固態硬碟等創新技術，則是為思科建構安全、可靠、靈活的網路奠定基礎。

東京奧運會包括開幕主場地、四十二個競賽場館、選手村、奧組委總部以及主新聞中心MPC和國際廣播電視中心IBC，所需的5G訊號關鍵網路都是由英特爾布署，以確保東京奧運期間的運行順暢。

英特爾在東京奧運5G服務的重點內容，包括人臉辨視、無人車網路連結、無人車時速三十公里內1Gbps的4K即時影像傳輸、高清沉浸式設備8K影像傳輸。

即時翻譯技術

東京奧運期間除了選手和代表團成員，預計將近會有一千萬左右的外國觀光客湧進東京，為了避免南腔北調不同語言出現溝通困難，日本政府特地撥經費研發一個名叫 VoiceTra 的應用程式（APP）。

VoiceTra 可以將二十七種語言做文字即時翻譯，包括比較少用的不丹語及烏爾都語。至於在語音翻譯方面，開發初期只能說英語、中文、日語和韓語四種語言，目標在東京奧運開幕前能做到超過十種語言的語音翻譯。APP 開發人員表示，雖然語音翻譯比較困難，但也能做到九十％左右的準確度。

這個 APP 將在遊客密集地區，比如賽會場館、知名景點、百貨公司及醫院等地，供民眾用電腦及手機等移動裝置使用。

此外，日本松下公司也研發一種可掛在脖子上的語言翻譯工具，可翻譯的語言多達十種。

新替代能源：氫

華爾街日報曾經報導，東京市政府計劃斥資四百億日圓，在五年內提高氫氣做為能源的使用率，並且運用東京奧運會，使日本開全球風氣之先，走進全新的「氫社會」。這個舉動也是日本政府在二〇一一年福島核電廠災難之後，實行非核能源計劃相當重要的一部分。

氫氣是宇宙中最豐富的元素，日本「氫社會」的替代能源計劃，將東京奧運做為實驗場域，期望顛覆人類對替代能源的思維。氫動力是非常乾淨的環保能源，原理是氫氣和氧氣在燃料電池中接觸就能產生。

東京市政府修建大規模的地下管道，將家用天然氣送到晴海區的奧運選手村，選手村的房間都使用新能源系統產生的氫燃料當動力。這些動力來自名為「ENE FARM」的家用燃料電池，這是由松下公司和東京燃氣合作開發的新能源系統，整合「燃料電池＋蓄電池＋智能化家庭能源管理系統」（HEMS），從家用天然氣中提取氫氣，然後把氫氣和氧氣進行化學反應產生電力。反應過程中所產生的熱能，則以熱水形式回收，做為家用和供暖之用。

傳統發電的能源利用率只有四十一％，利用電能、熱能的ENE FARM系統，能源利用率卻高達九十七％，可以讓一戶普通家庭每年減少一．四公噸的溫室氣體排放。

東京都知事小池百合子在奧運開幕倒數一周年的慶祝會上表示，東京要在二〇五〇年達到溫室氣體零排放的目標。使用氫將是達成這個目標的重要方法。

奧運期間，東京奧組委也將安排一百輛使用燃料電池的穿梭巴士，運送選手和隊職員往來於競賽場館間。有報導指出，東京市期望在奧運前後能投入六千輛氫動力汽車，大幅降低市區的碳排放量，預計在二〇二五年時，東京街頭能有超過二十五萬輛的氫氣動力車在運行。

負責製造氫動力巴士的豐田公司，在這個領域可謂獨領風騷，「Mirai未來氫動力汽車」已經商品化，目前已在九個國家有銷售。二〇一七至二〇一八年豐田的氫動力汽車平均每年賣出約三千輛，豐田已經增加氫動力汽車的生產線，期望到二〇二〇年時能夠銷售超過三萬輛。

東京奧運期間豐田所支援的氫動力汽車，東京市政府預計用三百五十萬美元採購。

番外篇

帶你去看流星雨

由日本知名動漫《花樣男子》改編而成的偶像劇《流星花園》，無論是中文、日文或韓文版本，都風靡情竇初開的少男少女。中文版主題曲歌詞中一句「帶你去看流星雨」令人記憶深刻，而二〇二〇年東京奧運會的開幕典禮就將演出一場別開生面的「流星雨」，號稱會讓人永生難忘。

這個名為「天幕計劃」（Sky Canvas）的東京奧運開幕典禮演出項目，其實就是最後高潮的煙火施放。但與眾不同的是，一般的煙火都是從地面向高空施放，日本人則是要在這場全球關注的奧林匹克盛會上展現高科技和創意，將從發射到太空軌道的人造衛星上放出四百顆左右的人造流星，在開幕典禮的最終時刻，就像真的流星雨一般，一顆一顆地劃過東京的天際，光看到這裡，就令人期待著看到這感動的畫面。

負責執行計劃的日本新創公司 ALE Co.（又名 Star-ALE），他們所創造的這場流星雨，連在東京以外的地區都可以看到，觀察半徑有一百公里。也就是說，即使買不到東京奧運開幕典禮的天價門票，只要當天人在東京的某個角落，也都欣賞得到這場美幻動人的流星雨。

製造人造流星雨的原理，是先把一顆人造衛星發射到澳大利亞上空五百公里的太空軌道，衛星上載有三百到四百顆人造流星，等到二〇二〇年七月二十四日東京奧運會開幕典禮當天的晚上，向東京方向發射這些人造流星。

這些人造流星可以依裝載不同的化學成分，燃燒後產生繽紛多變的火焰顏色，例如鋰會產生紅色，鉀會燃燒出紫色，鈉則會生成金黃色。至於人造流星的亮度也不用擔心，舉個比較例子，夜空中最亮的可見恆星是天狼星（Sirius），它的星等（magnitude，數字越低越亮）為 -1.46 星等，人造流星每一顆的亮度都可達到 -1 星等，和天狼星差不多，流星雨將能看得既清楚又綺麗。

這一顆顆的人造流星叫「源粒子」（source particles），它們從人造衛星發射出來之後，會環繞地球飛行，直到進入大氣層才會開始燃燒。ALE 表示，同時發射大量的「源粒子」，它們在天際燃燒之後，從地面上觀看的效果就和真的流星雨一模一樣。不過，發射的時間和燃燒的時間必須要精準地掌控。

為了避免「源粒子」一釋放後就與太空中的物質發生碰撞，ALE 將會根據美國聯合太空控制中心（Joint Space Operations Center）提供的數據，計算「源粒子」會碰撞東西的機率，在確保安全之後，才會把「源粒子」從衛星中釋放。

ALE 在實驗室模擬測試「源粒子」，用真空室和高溫氣體來營造

「源粒子」進入大氣層的實際環境。測試的結果，「源粒子」燃燒可以達到-1的星等，在東京盛夏的夜空，可以清晰地看見它一道一道地劃過天際。

　營造這場創意十足的流星雨的代價不斐，每顆「源粒子」的成本要價八千一百美金，另外還有發射「Sky Canvas」的衛星成本還沒算，日本為了下起這場舉世矚目的流星雨，可說是真正下了重本。

　「源粒子」飛行的速度比真正的流星要來得慢，劃過

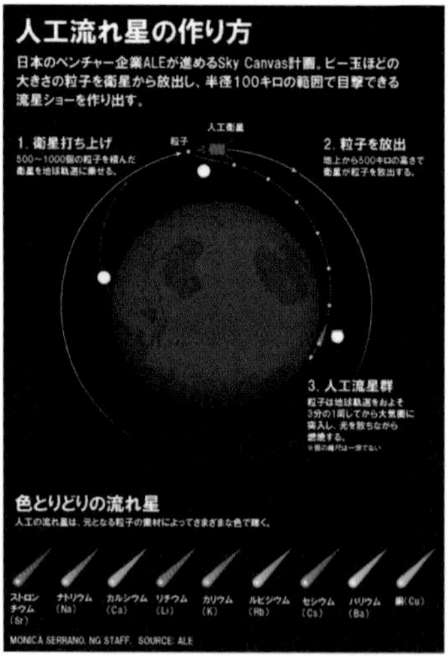

人造流星雨的製作原理示意圖。（取自 ALE 官網）

長空的時間也比較長，觀眾可以細細地品味奧運流星雨的奇觀，並且好好地許下心願。

二〇二〇年的東京奧運，環保和永續是非常重要的訴求，有人擔心「源粒子」所營造的流星雨從天而降之後，會不會造成太空垃圾破壞環保，或是引發如火災般的意外事件？ALE解釋說，發射的衛星會在任務結束後就銷毀，「源粒子」則在進入大氣層之後會完全燒光光，不會留下任何破壞地球環境的東西。

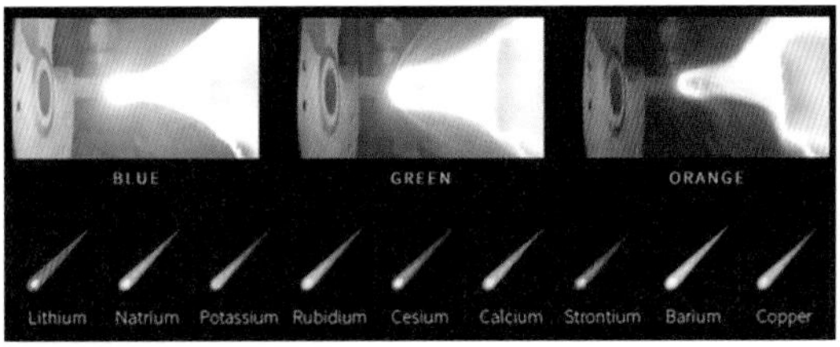

從人造衛星發射出的人造流星，依所裝載的化學成分產生不同的火焰顏色。（取自ALE官網）

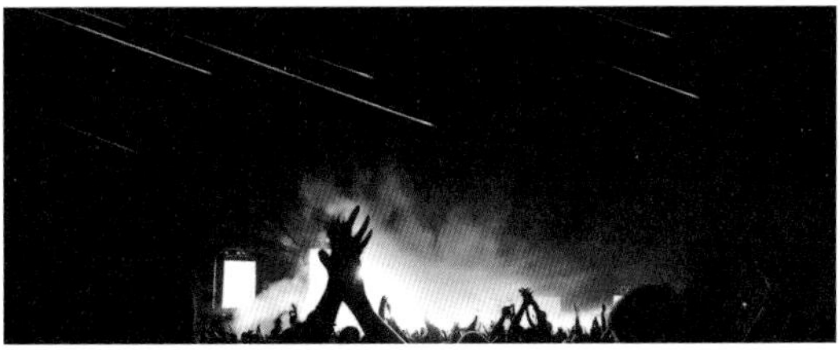

「天幕計劃」流星雨施放時的形象圖。（取自ALE官網）

奧運居，大不易！去住貨櫃屋或船上吧

申辦奧運會是國家大事，申辦城市會傾全國之力精銳盡出，提出最好的申辦計劃來爭取承辦奧運的資格。但奧林匹克有個不成文的規定，那就是四年一度的夏季奧運會讓每個洲輪流辦，即使申辦計劃提得再好，有時也會敗於這個潛規則。冬季奧運就不受限，比如二〇一八年的冬季奧運在韓國的平昌，二〇二二年仍然在亞洲的北京舉行。

現代奧運一百二十四年的歷史中，亞洲第一次舉辦奧運是一九六四年的東京，時隔二十四年後的一九八八年，才輪到由南韓的漢城主辦；二〇〇八年的北京奧運，和漢城奧運相隔了二十年。二〇二〇年東京奧運，和北京奧運相隔十二年，可說是間隔比較短的一次。但二〇二四年奧運已確定由歐洲的巴黎主辦，二〇二八年則又回到美國的洛杉磯，兩個城市都是第三度舉辦夏季奧運。這也就是說，東京奧運之後，夏季奧運會至少在十年內回不到亞洲。

既然最近的一次奧運就在東京，讓人前往觀賽的意願便提高不少，但看看東京奧運會的門票和住宿的費用，可能又會讓你裹足不前。

以開幕典禮入場券來說，最貴的要三十萬日圓，最便宜的是八千日圓，但最便宜的根本就搶不到。以幾項競賽決賽為例，桌球決賽最便宜的門票是八千日圓，最貴的要三萬六千日圓；體操一萬一千八百到七萬二千日圓；柔道一萬到五萬四千日圓；男籃決賽一萬八千八百到十萬八千日圓；棒球一萬到六萬七千五百日圓；就連馬術都要五千五百到一萬六千日圓。

即使存了錢看了一場世紀大戰，但看完比賽後又得傷腦筋，因為很可能因為找不到旅館而夜宿街頭。日本預估二〇二〇年到日本的外國遊客會突破四千萬人大關，比一九六四年東京奧運當年足足多出一百倍，七月到八月的高峰期，外來遊客估計會有一千萬人。有抽到奧運門票的幸運兒，現在上網或打電話到東京飯店訂房，答案都是一樣，客滿。

東京奧運期間，比賽場館附近的飯店，早就安排給國際奧委會貴賓和東京奧組委相關人員，房間的需求量是四萬六千間。也就是說，東京奧運期間，比賽場館附近的住房缺口是一萬四千間。有些旅館房價調漲得令人驚心動魄，高達六倍之多！

有日本媒體對二〇一九年七月商務旅館房價和二〇二〇年奧運預定房價做比較，新宿地區從一萬一千日圓漲到六萬七千日圓；汐留地區從一萬五千日圓同樣調高到六萬七千日圓。就連赤坂地區原本三千日圓的膠囊旅店，也要一萬四千日圓。

也許有人想說，可以住遠一點，千葉或橫濱都行，但別忘了電車費也是一筆不小的開銷。

東京政府為了解決奧運期間住的大問題，突發奇想，把腦筋動到郵輪上。根據日本媒體報導，擁有一千個房間的太陽公主號郵輪，二〇二〇年七月二十三日到八月九日（奧運開幕前一天到閉幕當天）可以停靠在橫濱市的山下碼頭，遊客可以搭電車前往奧運競賽場館觀戰。

房租要價多少？住宿兩晚加一場足球賽門票，要價二十萬日圓。

奧運歷史上最有名的住郵輪的例子，就是由NBA超級明星麥可．喬丹、大鳥博德、魔術強森等人組成美國男籃夢幻第一隊，由於是奧運第一次開放職業球員參賽，再加上這些球星各個都是金貴之身，根本不考慮住選手村，而是特別安排住在一艘名為「銀雲」的豪華郵輪上。

除了郵輪之外，也有日本電視台獻策，為東京奧運住房問題提供解決方案，就是住到貨櫃組合屋去。

住貨櫃組合屋雖然立意雖美，成本也不高，但是在燠熱的七月住在貨櫃屋中，若沒有空調簡直就是一個不折不扣的烤箱。再加上大部分的貨櫃屋都不是合法設置，設備簡單，所處的地方比較偏僻，管理上很不方便，對外國遊客來說，安全問題是最大的隱憂，這項提案並不太被青睞。

REFERENCE
附錄

奧運場館介紹

二〇二〇東京奧運會的競技項目多達三十三項，其下又分三百三十九種細項，創下歷屆奧運之最。所有的比賽被安排在四十二個競賽場館進行，按區域分為東京都心區、東京灣岸區、東京近郊及其他區域三大類。

其中位於東京都心區的二十八個競技場館又分為兩大區，分別為一九六四年東京奧運曾經使用的競技設施，稱為歷史傳承區（Heritage Zone），以及象徵城市未來發展的東京灣區（Tokyo Bay Zone）。這二十八個場館都在奧運選手村半徑八公里之內，對運動員和隊職員前往賽場相當方便。

一、東京都心區

・東京新國立競技場

由日本建築設計大師隈研吾、大成建設和梓設計組成的團隊，從二〇一六年十二月一日開始動工，二〇一九年十一月十九日完成建設，二〇二〇年一月一日舉行天皇杯足球賽正式啟用。

這裡的前身是舉辦一九六四年東京奧運開幕典禮的霞丘陸上競技場，拆除改建後的場地可以容納八萬人，東京奧運期間保留六萬八千個觀眾席。新國立競技場將做為二〇二〇年東京奧運和帕運開幕和閉幕典禮主場地，競賽項目則有田徑賽和女子足球金牌戰。

位置：新宿區霞丘町

交通：大江戶線新國立競技場　下車即達；JR總武線千駄谷站、信濃町站下車，步行可達。

附近景點：明治神宮外苑，青山及表參道。

・東京體育館

位於東京澀谷區的東京體育館，與主場館新國立競技場只隔著一條馬路，是日本著名建築師槙文彥的代表作之一。槙文彥曾在一九九三年獲得有建築界諾貝爾獎之稱的普立茲克獎（Pritzker Architecture Prize）。東京體育館曾於一九九〇年全面改建，一九九一年第三屆東京世界田徑錦標賽做為國際新聞中心。二〇一二年東京體育館重新裝修。

競賽項目：男、女桌球

位置：澀谷區千馱谷。位於新國立競技場西側。

交通：JR總武線千馱谷站下車；大江戶線新國立競技場線下車。

・國立代代木競技場

國立代代木競技場是一九六四年日本主辦東京奧運的珍貴遺產，也是東京著名地標之一。建築設計出自日本一代大師丹下健三之手，外型採懸索結構。

二〇二〇年東京奧運，代代木國立競技場將作為手球項目的競賽場地，帕運則用在輪椅橄欖球和手球競賽。

位置：澀谷區神南

交通：JR 山手線原宿站下車，步行可達。

周邊景點：明治神宮、代代木公園、澀谷、原宿。

・日本武道館

日本武道館的主要建立宗旨是為發揚日本傳統武術，但它的全球知名度卻來自辦演唱會，一九六六年英國超重量級樂團 The Beatles 首度訪問日本，就是在武道館辦演唱會；二〇二〇年日本傑尼斯偶像團體「嵐」亞洲巡迴演唱會終點也設在武道館。

二〇二〇年東京奧運，武道館是柔道和空手道的競賽場地，帕運的柔道也在這裡進行。

位置：千代田區北之丸公園
交通：東西線、半藏門線和都營地鐵新宿線九段下站下車，步行可達。
觀光景點：日本皇居

・皇居外苑

皇居外苑通常是指以皇居前廣場為中心的區域，包括北之丸公園（昭和四十四年／一九六九年開園）、皇居前廣場和皇居外圍周邊。皇居外苑和北之丸公園、日比谷公園，被通括為東京都市計劃第五、第八和第二十三號中央公園，具有日本代表性的歷史建築二重橋和櫻田門都在這裡。

東京奧運會以皇居外苑為自由車公路賽的起點和終點。

位置：千代田區皇居外苑
交通：千代田線二重橋前站或日比谷線日比谷站下車，步行可達。
附近景點：皇居，東京車站。

‧東京國際論壇大廈

東京國際論壇大廈在日本被稱為「泡沫經濟的遺產」，雖然外型壯觀吸引人，但花費不貲，被批評是浪費人民的稅金。

當初建設之初，還特別以國際建築師聯盟的高標準來進行設計大賽，結果由烏拉圭籍的建築師拉斐爾‧維諾利（Rafael Viñoly, 1944-）雀屏中選。建築的中庭大廳以玻璃為建材，打造出「船」型主題，由株式會社東京國際論壇大廈管理營運，是東京都內公共文化設施，大型國際會議也經常在這裡舉行。

這裡是東京奧運的舉重比賽場地，也是中華隊奪金牌的大熱門場地。

位置：千代田區丸之內

交通：JR 京濱東北線、山手線、東京地下鐵有樂町線有樂町站下車。

附近景點：皇居、銀座、日比谷公園。

・**兩國國技館**

這裡被稱為兩國，主要是日本古代「武藏國」和「下總國」兩國國界交會之處。一九八五年啟用，以舉辦相撲比賽為主，可以容納一萬一千一百人，是東京著名的相撲場地，目前持有人和營運人都是日本相撲協會。兩國國技館每年舉辦六次相撲比賽，賽會期間會安排元老級的相撲力士在門口驗票，觀眾一進場就有和相撲力士接觸的機會。

東京奧運會期間這裡被安排為拳擊競賽場地

位置：墨田區橫綱

交通：JR總武線、都營地鐵大江戶線兩國站下車。

附近景點：淺草、隅田川

・**武藏野之森綜合運動廣場**

東京奧運在這裡是使用室內體育館，這是二〇二〇年東京奧運會新建場館中第一個完工的場地，可以容納一萬名觀眾。二〇一七年十一月完工後第一項場地測試賽為全日本花式滑冰錦標賽。

東京奧運期間，這裡是羽球和現代五項的擊劍競賽場地；東京帕運的輪椅籃球也將在此進行。

地點：調布市西區

交通：京王線飛田給站下車，徒步可達。

・東京體育場

東京體育場於二〇〇〇年啟用，可以容納五萬名觀眾。二〇〇三年三月至二〇〇八年二月曾經提供給廠商冠名，當時被稱為「味之素體育館」。

這座體育場是日本職業足球J聯盟FC東京的主場，平時也進行橄欖球和美式足球競賽。

二〇〇二年日韓世界杯足球賽，曾經提供給沙烏地阿拉伯做為訓練場地。也常舉辦音樂會和跳蚤市場。

東京奧運會這裡是現代五項中的游泳、馬術、越野賽和自由車的競賽場地；另外有七人制橄欖球和部分足球賽程也在此舉行。

位置：調布市西町

交通：京王線飛田給站下車，徒步可達。

・馬事公苑

馬事公苑一九四〇年即開苑，開苑初期做為培養賽馬選手場地，後來是日本訓練馬術選手的據點。

平日馬事公苑也舉行與馬相關的多項活動，比如小朋友撫摸區和馬匹秀、小型馬賽馬。除了冰雪寒冬之外，馬事公苑每個月的第一個星期四都會開放給民眾試乘馬車。初春時馬事公苑梅花、櫻花盛開，四季也綻放各式花卉和植物，是東京民眾假日休閒場所之一。

東京奧運馬事公苑將舉行馬場馬術、馬術障礙賽和馬術三日賽（越野賽除外）。

位置：世田谷區上用賀

交通：東急田園都市線櫻新町站下車，徒步可達；若在用賀站下車，可搭轉乘巴士。

二、東京灣岸區

‧東京水上運動中心

位在辰巳之森海濱公園內的水上運動中心，是二〇二〇年東京奧運的新建場館之一，建造經費為五百六十七億日圓，奧運競賽期間觀眾席為一萬五千個座位，奧運結束將減到只剩五千席，以便有更多的空間可利用。

東京奧運辰巳水上運動中心進行的比賽包括游泳、跳水和水上芭蕾。

位置：江東區辰巳

交通：有樂町線辰巳站下車二號出口左轉，徒步可達。

・東京辰巳國際游泳館

東京辰巳國際游泳館就在辰巳水上運動中心附近，一九九三年八月完工啟用，設計單位為東京建築事務所環境設計研究所。

東京奧運期間辰巳國際游泳館將做為水球競賽場地。

位置：江東區辰巳

交通：有樂町線辰巳站下車二號出口，徒步可達。

・夢之島公園射箭場

江東區夢之島所在地，是東京從一九五七年至一九六七年，用了十年時間，作為垃圾掩埋場填海而成的新生地，一九七八年整修完成，正式向民眾開放。

夢之島公園位於夢之島的西北部，由六家民間企業組成的Amenis夢之島集團管理，但有趣的是，夢之島公園的運動設施集中在公園的西部，這區是歸江東區管轄。

夢之島公園射箭場是為東京奧運所新建，二〇一九年四月完工。奧運和帕運期間將做為射箭比賽場地，奧運將在此決出五面金牌。

位置：江東區夢之島

交通：JR京葉線、東京地下鐵有樂町線、東京臨海高速鐵路臨海線新木場站下車，徒步可達。

・東京青海運動公園

東京青海城市運動公園（青海アーバンスポーツパーク／Oumi Urban Sports Park）位於台場附近，非常接近東京奧運選手村。

東京奧運這裡將作為三對三籃球賽和首度進入奧運競賽項目的攀岩競賽場地。

位置：江東區青海

交通：東京百合海鷗線青海站下車。

・海之森水上競技場

海之森水上競技場是東京都為二〇二〇年東京奧運會所新建的場地，位於東京灣台場，二〇一九年六月完工啟用。設有兩千席固定看台，奧運期間會另增加一萬四千席臨時看台。根據東京奧組委公布數字，輕艇比賽可容納觀眾一萬二千八百人，划船比賽可加到一萬六千人。

海之森水上競技場原本規劃經費為四九一億日圓，但在東京都知事小池百合子要求撙節支出之下，縮減至三〇八億日圓。賽道全長二千三百三十五公尺，寬一百九十八公尺；共設八條水道，每條水道寬十二・五公尺。

東京奧運會這裡是輕艇（皮划艇，靜水競速）和划船（賽艇）兩項競賽的賽場。奧運結束將繼續做為國際比賽場地和訓練等用途。

另外，在附近的海之森越野賽道，將舉行馬術綜合項目的越野賽。

位置：江東區青海

交通：JR京葉線、東京地下鐵有樂町線、東京臨海高速鐵路臨海線的新木場站下車，轉乘巴士前往。

・激流賽艇競賽中心

臨近葛西臨海公園的激流賽艇競賽中心，是為二〇二〇年東京奧運所興建的人工賽場，全長達二百公尺，高低落差有四．五公尺，營造出激流和漩渦的困難度。

二〇一九年十月，日本在這裡用東京奧運國手最終選拔賽作為場地測試，評價良好。羽根田卓選手被看好能為日本在這個項目奪牌。

位置：江戶川區臨海町

交通：JR京葉線葛西臨海公園站下車，徒步可達。

・幕張展覽館

幕張展覽館啟用於一九八九年十月，目前在全日本的展覽中心規模僅次於東京國際展示場。平時作為大型國際會議和商品展示交易活動使用。

幕張展覽館的規模很大，它是由千葉縣所管理的國際展示場、國際會議中心和幕張的Event Hall合併而成。東京奧運期間，A館將進行跆拳道和角力賽事，B館則舉行擊劍比賽。

另外，帕運的盲人門球、坐式排球、跆拳道以及輪椅擊劍也都安排在幕張展覽館競技。

位置：千葉縣千葉市美濱區

交通：JR京葉線海濱幕張站下車，徒步可達。

・有明體操競技場

有明體操競技館是為東京奧林匹克運動會所新建，可以容納一萬二千位觀眾，二〇一九年十月正式完工。整座建築物最大的特色就是完全木製的拱形屋頂。

拱形屋頂全長一七七公尺，寬八十八公尺，木頭的材料來自北海道和長野縣的落葉松，大約使用將近二百公噸。東京奧運結束後，這裡將變身為展覽中心。

東京奧運在有明體操競技場將進行體操、韻律體操（藝術體操）和蹦床等競賽。帕運的硬地滾球也將在這裡進行。

位置：江東區有明

交通：有樂町線搭至豐洲站，再轉百合海鷗號在有明網球之森站下車出口左轉，徒步可達。

．有明網球之森公園

有明網球之森公園為日本大型網球賽事主要場地，包括日本公開賽、東麗女網公開賽、全日本網球錦標賽以及以國家為單位出賽的台維斯杯和聯邦杯。中央球場可以容納一萬名觀眾，並沒有可開合的屋頂。

東京奧運由於地主日本隊的錦織圭和大坂直美，都有實力可問鼎男、女單打金牌，有明網球之森公園已是日本球迷搶票的熱區。帕運的輪椅網球也在這裡比賽。

位置：江東區有明

交通：有樂町線搭至豐洲站，再轉百合海鷗號在有明網球之森站下車，出口直行約五百公尺右轉，徒步可達。

・有明體育館

為東京奧運新建的場館，建造總經費為三六〇億日圓，底窄上寬的外型設計是最大的建築特色，二〇一九年十二月完工，可容納一萬五千名觀眾。此場館為東京都的 BOT 案，電通、NTT Docomo 等七家公司組成經營集團，取得為期二十五年的經營權。

有明體育館在東京奧運會將作為排球和帕運的輪椅籃球決賽場地。平日可以靈活多用，可做為五人制足球賽競賽使用，也可舉辦大型演唱會。到了冬天，也可改成花式滑冰競賽場和表演場。

位置：江東區有明

交通：東京臨海高速鐵路臨海線的國際展示場站下車，徒步可達。

・**有明城市運動公園**

有明城市運動公園是東京奧運臨時興建的比賽場地，比賽結束後將全部拆除。規劃的工期是二〇一九年三月到二〇二〇年二月，地點在有明北部地區。場地佔地約九萬七千平方公尺，將做為BMX單車競速賽、BMX單車自由式賽以及第一次出現在奧運的滑板項目。

BMX競速賽場地可容納五千人，BMX自由式賽場可容納六千六百人，滑板賽場可達七千人。

位置：江東區有明

交通：東京臨海高速鐵路臨海線的國際展示場站下車，徒步可達。

・台場海濱公園

這個比賽場地可將東京灣區美景盡收眼底，彩虹大橋、自由女神、巨型鋼彈和富士電視台等景點都可一眼望去。

東京奧運和帕運的鐵人三項，以及游泳的馬拉松（十公里）都在這裡舉行。

位置：港區台場

交通：東京臨海新交通百合海鷗號台場站或台場海濱公園站下車，徒步可達。

・潮風公園

這裡是東京奧運會沙灘排球的比賽場地。

潮風公園位於東京臨海副都心的西岸海濱公園帶，介於御台場海濱公園和東八潮綠道公園之間。一九七四年六月開始啟用，當時被編號為第十三號地公園，面積十五萬四千九百四十平方公尺，屬於東京都品川區的都立公園。

位置：品川區東八潮

交通：東京臨海新交通百合海鷗號台場站下車，徒步可達。

・大井曲棍球競技場

位於大井埠頭中央海濱公園內，是為東京奧運新建的人工草皮曲棍球競技場。二〇一九年八月曾經舉行澳大利亞、印度、中國大陸及地主日本參賽的四國女子曲棍球邀請賽，做為東京奧運曲棍球的場地測試賽。

位置：品川區八潮

交通：東京單軌電車大井競馬場前站下車，徒步可達。

三、東京郊外及其他地方

・埼玉超級競技場

埼玉超級競技場是東京奧運會的熱區之一，因為由 Stephen Curry、LeBron James 等 NBA 球星領軍的美國夢幻男子籃球隊將在此出賽。為了讓更多觀眾能在現場看球，東京奧組委特別安排這個最多可容納三萬七千名觀眾的室內場館來舉行奧運籃球賽。

埼玉超級競技場位於埼玉縣埼玉市中央區的新都心，是目前日本唯一能進行美式足球比賽及相關配備的室內體育館。平常一般排球、網球或籃球比賽時，座位也能調整到一萬九千至二萬二千五百席。

當初建築設計徵選是採比賽制，最後由日建設計提出的方案獲選。外觀特色是圓身加大型斜頂，相當醒目。

位置：埼玉縣埼玉市中央區

交通：JR京濱線東北線、宇都宮線、高崎線埼玉新都心站。

・橫濱棒球場

橫濱棒球場為橫濱國際綜合體育園區的設施之一，是目前日本職棒中央聯盟橫濱DeNA海灣之星隊的主場地，一九七八年正式啟用，二〇〇七年全面翻修。主場表面為人工草皮，可做為棒球場和足球場雙重使用，棒球觀眾席有三萬個座位，足球二萬個座位。

棒球場左外野有九十四公尺（三〇八．四英呎）、中外野一一八公尺（三八七．一英呎）、右外野九十四公尺，全壘打牆高度五公尺（一五．四英呎）。東京奧運期間將作為棒球和壘球的比賽場地。

位置：神奈川縣橫濱市中區。

交通：JR京濱東北線、根岸線、橫濱市營地鐵關內站下車，步行可達。

・福島縣營吾妻棒球場

福島縣營吾妻棒球場是東京奧運棒球和壘球的另一個比賽場地。福島是二〇一一年東北大地震的重災區，二〇二〇年東京奧運訴求的主題之一包括災區重建和振興，因此東京奧組委為福島安排許多奧運活動，比如奧運聖火傳遞的第一站就從福島開始（二〇二〇年三月二十六日），棒、壘球部分賽事也在福島舉行。

位於福島市吾妻綜合運動公園內，所有者為福島縣政府，經營則是由公益財團法人福島縣都市公園・綠化協會負責。球場在一九八六年啟用，二〇一九年全面翻新，球場表面為人工草皮。日本職棒會不定期在福島吾妻球場進行比賽。

位置：福島縣福島市佐原

交通：從東京到福島的交通有多種選擇。可搭機至仙台再轉車至福島，或是東北新幹線、**JR**東日本鐵路、東北高速巴士，抵達福島市後再轉乘。

・霞關鄉村俱樂部

東京奧運的高爾夫賽場。美國總統川普訪問日本時，就在霞關鄉村俱樂部和日本首相安倍晉三進行球敘。

霞關鄉村俱樂部有超過八十年的歷史，是埼玉縣第一座高爾夫球場。一九二九年啟用，一九五七年舉辦過世界杯高爾夫賽，也是日本高爾夫公開賽和日本女子高爾夫公開賽的固定場地。球場共有三十六洞，全長一三八六九碼，標準桿一四五桿。

位置：埼玉縣川越市

交通：JR川越線笠幡站下車，徒步可達。

・陸上自衛隊朝霞射擊訓練場

朝霞射擊訓練場與日本陸上自衛隊朝霞駐地相鄰，一九六四年東京奧運會時就曾用做步槍射擊競賽場地。二〇二〇年東京奧運，朝霞訓練場增補符合奧運規格的相關設施，將所有奧運和帕運射擊競賽項目都安排在此舉行。

位置：練馬區大泉學園町

交通：東武東上線、東京地下鐵有樂町線、副都心線和光市站下車，徒步三十分鐘可達。西武池袋線大泉學園站下車，轉乘巴士。

・伊豆室內自由車賽場

伊豆室內自由車賽場是符合國際自由車聯盟（UCI）標準的木質場地，一周二五〇公尺，二〇一一年啟用。東京奧運及帕運的場地自由車競賽項目全在此進行。

位置：靜岡縣伊豆市

交通：從東京搭東海道新幹線到熱海，換乘伊東線再到宇佐美站下車，換乘計程車可達。

・伊豆山地自由車賽道

伊豆山地自由車賽道全長二千五百公尺，海拔高度八十五公尺，二〇一〇年建立。賽道景緻媲美富士山，賽道設計分初學者和高階車手兩種，全日本山地自由車錦標賽經常在此舉行。

二〇二〇年東京奧運會的山地自由車競賽場地。

位置：靜岡縣伊豆市

交通：從東京搭東海道新幹線到熱海，換乘伊東線再到宇佐美站下車，換乘計程車可達。

・江之島遊艇碼頭

江之島遊艇碼頭二〇一四年六月啟用，對公眾開放，設計理念是為個人提供開放空間，打破遊艇和帆船只屬於有錢人的奢華享受，並推動帆船運動普及化。

江之島遊艇碼頭的另一大特色，是可以直接看到富士山與海相連的無敵景緻。另外，江之島的夜景也不容錯過，江之島展望燈塔用七萬顆施華洛世奇的水晶串起的吊燈和隧道燈飾，會從二〇一九年聖誕節一直閃亮到東京奧運期間。

東京奧運期間的帆船賽事在此舉行。

位置：神奈川縣藤澤市

交通：如果想品味《灌籃高手》裡的湘南風情，可從JR東京站搭乘東海線，到藤澤市再轉乘江之電到江之島站。也可從新宿站搭小田急線浪漫特快車到片瀨江之島站。

．釣崎海岸衝浪會場

衝浪與滑板、攀岩是東京奧運會新增的競賽項目，東京奧組委選擇連續四年舉辦國際職業衝浪大賽——一宮千葉公開賽的釣崎海岸衝浪場，作為世界各國好手揚帆乘風破浪的競賽場地。

釣崎海岸衝浪場位於九十九里濱的最南端，海潮和天氣都相當適合舉行衝浪大賽。比賽日期從二〇二〇年七月二十六日至二十九日共四天。

位置：千葉縣長生郡一宮町

交通：從東京站搭乘京葉線、外房線特快到上總一之宮站。

・札幌巨蛋

相信台灣棒球迷對這裡一點都不陌生，我國好手陽岱鋼、王柏融接連在地主日本火腿隊效力，並以優異成績成為球隊看板球員。東京奧運期間札幌巨蛋將舉行五天的足球預賽。

札幌巨蛋是全天候的多功能體育場，可容納四萬二千人，場內配備「移動式草坪足球場」，是世界首創的跨世代科技。除了棒球和足球之外，也舉行文化交流活動和音樂會。

位置：札幌市豐平區

交通：札幌市營地鐵東豐線福住站下車，徒步可達。

・宮城體育場

二〇〇〇年啟用的宮城體育場，可供田徑賽和足球賽使用，觀眾席有四萬九千一百三十三個座位，三分之二的座席有屋頂覆蓋。

二〇〇二年日韓世界杯，宮城體育場舉辦過三場比賽，包括地主日本以〇比一輸給土耳其止於十六強那場球賽。

東京奧運會期間，宮城體育場將舉行四天預賽和二天複賽。

位置：宮城縣宮城郡利府町

交通：JR仙台線、仙台市地鐵南北線泉中央站下車，再搭乘穿梭巴士前往。

・茨城鹿島足球場

一九九三年啟用的茨城縣立鹿島足球場為足球專用球場，是日本職業足球J聯盟著名勁旅鹿島鹿角隊的主場。二〇〇二年日韓世界杯足球賽，這裡也曾舉辦過部分賽事。足球場內設有「鹿島足球博物館」，紀錄球場歷年舉辦各項大賽的發展史，也有鹿島鹿角隊一路走來的點點滴滴。

東京奧運會期間，茨城鹿島足球場將進行三天預賽、三天複賽和一場銅牌戰。

位置：茨城縣鹿島市

交通：東京可搭直達巴士至鹿島足球場。或搭鹿島臨海鐵路往鹿島神宮方向，在鹿島足球場站下車。

・埼玉體育場館 2002

顧名思義，埼玉體育場就是為二〇〇二年日韓世界杯足球而興建，是目前全日本最大型的足球專用球場，二〇〇一年九月完工，可容納六萬二千三百人。日本職業足球J聯盟名門浦和紅鑽隊的主場。（浦和紅鑽另一主場在埼玉駒形體育場）。

二〇〇二年日韓世界杯這裡踢了四場球，包括地主日本出戰比利時。東京奧運會將在這裡進行四天預賽、三天複賽和一場銅牌戰。

位置：埼玉縣埼玉市綠區

交通：東京地下鐵南北線、埼玉高速鐵路浦和美園站下車，徒步可達。

‧橫濱國際綜合競技場

橫濱國際綜合競技場是目前日本最大型的綜合體育場，一九九八年三月完工，可容納七萬三千二百三十七名觀眾。二〇〇二年日韓世界杯足球賽在這裡進行四場比賽，包括由巴西對決德國的冠軍戰，最後巴西以二比〇勝出。目前也是日本職業足球J聯盟橫濱水手隊的主場。

東京奧運會將在這裡舉行八天的賽事，其中備受全球矚目的男子金牌戰，八月八日就在這裡對決。

位置：神奈川縣橫濱市港北區

交通：JR橫濱線小機站下車，徒步七分鐘；橫濱市地下鐵在新橫濱站下車，徒步十二分鐘；JR中本線在大曾根站下車，南口出站，徒步十五分鐘。

場館區域 PART 1

東京都心區

（票價為日圓）

競賽項目		競賽場館	票價區間	競賽日期
開幕暨閉幕典禮		新國立競技場	12000-300000	7/24 & 8/9
田徑	田徑	新國立競技場	3000-130000	7/31-8/8
	馬拉松	北海道札幌大通公園	免費	8/8 女子；8/9 男子
	競走	北海道札幌大通公園	免費	8/6 男 20km 8/7 女 20km, 男 50km
桌球		東京體育館（澀谷）	3500-36000	7/25-8/7（8/1 輪空）
羽球		武藏野之森 綜合運動廣場	4000-45000	7/25-8/3
橄欖球	七人制	東京體育場（調布）	2500-25500	7/27-8/1
柔道		日本武道館	4000-54000	7/25-8/1
空手道	形、組手	日本武道館	3500-12800	8/6-8/8
拳擊		兩國國技館	待確定	7/25-8/9（8/3 輪空）
舉重		東京國際論壇大廈	2500-12800	7/25-8/5（7/30-7/31 輪空）
馬術	馬場馬術	馬事公苑	3000-16000	7/25-7/29（7/27 輪空）
	綜合馬術	馬事公苑 / 海之森越野道	3000-16000	7/31-8/3
	障礙馬術	馬事公苑	3000-16000	8/4-8/8（8/6 輪空）
手球		代代木競技場	3500-20000	7/25-8/9
現代五項	游泳 等 4 項	東京體育場（調布）	2500-4000	8/7-8/8
	射擊	武藏野之森 綜合運動廣場	2500-4000	8/6-

東京灣岸區

（票價為日圓）

競賽項目		競賽場館	票價區間	競賽日期
游泳	游泳	東京水上運動中心	5800-108000	7/25-8/2
	跳水	東京水上運動中心	3500-30500	7/26-8/8（7/30 輪空）
	水上芭蕾	東京水上運動中心	4000-45000	8/3-8/8（8/6 輪空）
	水球	東京辰巳國際游泳館	3000-18000	7/25-8/9
	游泳馬拉松	台場海濱公園	3500-5500	8/5-8/6
體操	競技體操	有明體操競技場	4000-72000	7/25-8/4（7/31-8/1 輪空）
	韻律體操	有明體操競技場	4000-36000	8/7-8/9
	蹦床	有明體操競技場	5500-16000	7/31-8/1
排球		有明體育館	4000-54000	7/25-8/9
網球		有明網球森林公園	4000-5400	7/25-8/8
角力	自由式	幕張展覽館 A 館	4000-45000	8/5-8/8
	希臘羅馬式	幕張展覽館 A 館	4000-45000	8/2-8/4
3X3 籃球		青海城市運動公園	3000-18000	7/25-7/29
擊劍		幕張展覽館 B 館	3000-11500	7/25-8/2
鐵人三項		台場海濱公園	4000-8000	7/27-7/28,8/1
攀岩		青海城市運動公園	3000-12500	8/4-8/7
射箭		夢之島公園射箭場	3000-7000	7/24-8/1
跆拳道		幕張展覽館 A 館	3000-9500	7/25-7/28
滑板		有明城市運動公園	4000-11500	7/26-7/27；8/5-8/6
輕艇	激流競速	江戶川臨海激流競速場	3000-10000	7/26-7/31
	靜水競速	海之森水上競技場	3000-9500	8/3-8/8
曲棍球		大井曲棍球水競技場	2500-10000	7/26-8/7
划船		海之森水上競技場	3000-9500	7/24-7/31
沙灘排球		潮風公園	3500-45000	7/35-8/8

東京郊外及地方

（票價為日圓）

競賽項目		競賽場館	票價區間	競賽日期
足球		札幌巨蛋	2500-67500	7/22-7/23,7/25-7/26,7/29
		宮城縣立體育場	2500-67500	7/22,7/25,7/28-7/29,7/31-8/1
		茨城鹿島足球場	2500-67500	7/23,7/26,7/28,7/31-8/1, 8/3-8/4,8/6
		埼玉體育場 2002	2500-67500	7/25-7/26,7/28-7/29, 7/31-8/1,8/3-8/4,8/7
		橫濱國際綜合競技場	2500-67500	7/23,7/26,7/28-7/29, 7/31-8/1,8/3-8/4, 8/8（男足金牌戰）
		東京體育場（調布）	2500-67500	7/22-7/23
		東京新國立競技場	2500-67500	8/7 女足金牌戰
棒球		福島吾妻棒球場	4000-67500	7/29 開幕戰
		橫濱棒球場	4000-67500	7/30-8/9 (8/8 輪空）
壘球		福島吾妻棒球場	2500-25500	7/22-7/23
		橫濱棒球場	2500-25500	7/25-7/28
高爾夫		霞關鄉村俱樂部	7000-10000	男子 7/30-8/2, 女子 8/5-8/8
籃球		埼玉超級競技場	3000-10800	7/26-8/9
衝浪		釣崎海岸衝浪場	3000	7/26-7/29
帆船			3000-5500	7/26-8/5
自由車	BMX 自由式	有明城市運動公園	2500-10000	8/1-8/2
	BMX 賽道	有明城市運動公園	3000-12500	7/30-7/31
	登山賽	伊豆 MTB 賽道	5000	7/27-7/28
	公路賽	武藏野之森公園	3500-5500	7/25-7/26,7/29（個人計時）
	場地賽	伊豆自由車競技場	4000-14500	8/3-8/9
射擊	來福槍	陸上自衛隊朝霞訓練場	2500-5500	7/25-7/26,7/28,7/30-8/3
	飛靶	陸上自衛隊朝霞訓練場	2500-5500	7/26-7/27,7/29-7/30,8/1

參考資料

・東京地理地名事典，淺井建爾，遠足文化。
・新建築，東京 2020 大会会場整備，株式会社新建築社。
・Inventig Japan：From Empire to Economic Miracle 1853-1964，Ian Buruma，Modern Library Chronicles Series Book 11。
・Flaming Olympics，Michael Coleman/Aidan Potts，Scholastic 2008。
・ロバティクス最前線，日經產業新聞編。
・1964 年の東京オリンピック，石井正己編，河出書房新社。
・我為什麼要建造新國立體育場：建築家・隈研吾的設計感悟，隈研吾，山東人民出版社。
・奧運百年，體育圖書編委會編，吉林科學技術出版社。
・東京 2020 オリンピック・パラリンピック 完全ガイド，日本經濟新聞社編。
・東京五輪を観たい，宝島社。
・ぴあ東京 2020 観戦予習 ガイド，ぴあ Mook。
・第 32 屆東京奧林匹克運動會組委會官網 https://www.tokyo2020.org

- 2020 年東京夏季奧林匹克運動會 維基百科
  https://zh.m.wikipedia.org/zh-tw/2020% E5% B9% B4% E5% A4% 8F% E5% AD% A3% E5% A5% A5% E6% 9E% 97% E5% 8C% B9% E5% 85% 8B% E8% BF% 90% E5% 8A% A8% E4% BC% 9A
- 建築師隈研吾：寄寓於新國立競技場的思考，清野由美。Nippon.com
  https://www.nippon.com/hk/people/e00101/
- Zuodesign2015，http://note.youdao.com/noteshare?id=c7a7f63f2e6c741f7b1ac3c4f20da2d1
- 讓隈研吾親自告訴您東京奧運會主場館的奧祕，Echokuo。
  http://note.youdao.com/noteshare?id=9c057c6710be10253da696d798919528
- 東京奧運會是如何改變日本和影響世界的？
  https://mp.weixin.qq.com/s/N3cxlOnJ3xj2ZYmMRYTvtQ?clicktime=1573571096&enterid=1573571096
- Multiracial athletes spark debate in Japan ahead of 2020 Olympics, Joshua Miller, Kyoto. The Japan Times.
  https://www.japantimes.co.jp/news/2019/08/08/national/social-issues/ahead-2020-games-multiracial-athletes-spark-debate-changing-japanese-identity/#.XdaI1SV-WaM

・二〇二〇年東京奧運帕運總導演選定為野村萬齋
https://mp.weixin.qq.com/s/0oDZ4OIqsQvcXnpZg5KxBw

・天皇的退位談話，為何會讓日本人產生愧疚感，遠見雜誌。
https://www.gvm.com.tw/article/60324

・已不再是戰後了！1964 年東京奧運及其時代，胡川安。
https://storystudio.tw/article/gushi/ 已不再是戰後了！1964 年的東京奧運及其時代 /

・由過去主辦國經驗剖析，東京奧運對日本經濟和股市影響。北富銀金融市場研究中心。
https://www.fubon.com/banking/document/Corporate/Financial_Market/TW/20181107.pdf

・賠錢還是振興，東京能否脫離奧運詛咒。中央社編譯。
https://project.cna.com.tw/20190722-tokyo2020/20190718c005.html

・日本，你贏了！東京奧運垃圾獎牌，在日華人圈。
https://mp.weixin.qq.com/s/JHDPVyla6d6FQlVBK-yD5g

・二〇二〇年東京奧運新會徽
https://mp.weixin.qq.com/s/I6vBmgulRvrqo5sIVjEaCQ

・二〇二〇年東京奧運即將亮相的黑科技，RAVV 前沿科技。
https://mp.weixin.qq.com/s/UHz8u7wbqE1_JVPk0NMa7w
・英特爾為二〇二〇年東京奧運會帶來多項創新技術，體育資訊網。
https://mp.weixin.qq.com/s/Wk07q2BUTmnun9_zkRuiPQ
・馬晴山，維基百科。https://zh.wikipedia.org/wiki/%E9%A6%AC%E6%99%B4%
E5%B1%B1
・范子文案，UDN Michalle 的部落格。2009.01.15
http://blog.udn.com/mobile/michalle77/2567870

生活文化61

東京奧運634 TOKYO 1964·2020

作　者—劉善群
特約編輯—劉綺文
責任編輯—謝翠鈺
行銷企劃—江季勳
視覺設計—陳昭淵
圖片提供—劉善群

董 事 長—趙政岷
出 版 者—時報文化出版企業股份有限公司
10803台北市和平西路三段二四〇號七樓
發 行 專 線—（〇二）二三〇六六八四二
讀者服務專線—〇八〇〇二三一七〇五・（〇二）二三〇四七一〇三
讀者服務傳眞—（〇二）二三〇四六八五八
郵　撥—一九三四四七二四時報文化出版公司
信　箱—一〇八九九　台北華江橋郵局第九九信箱
時報悅讀網—http://www.readingtimes.com.tw
法律顧問—理律法律事務所　陳長文律師、李念祖律師
印　刷—盈昌印刷有限公司
初版一刷—二〇二〇年一月十七日
定　價—新台幣三八〇元
缺頁或破損的書，請寄回更換

時報文化出版公司成立於一九七五年，
並於一九九九年股票上櫃公開發行，於二〇〇八年脫離中時集團非屬旺中，
以「尊重智慧與創意的文化事業」爲信念。

東京奧運634 / 劉善群作. -- 初版. -- 臺北市：時報文化，2020.01
面；　公分. -- (生活文化；61)
ISBN 978-957-13-6698-2(平裝)

1. 旅遊 2. 奧林匹克運動會 3. 日本東京都

528.9822　　108022515

ISBN 978-957-13-6698-2
Printed in Taiwan

東京奧運 634 回函抽好禮！

填回函抽 2020 東京奧運官方紀念品！現在只要完整填寫讀者回函內容，並於指定日期前（以郵戳爲憑），寄回時報出版，就有機會獲得**2020 東京奧運官方出品的 T-shirt 及吉祥物娃娃**喔！中獎名單及活動訊息，將於以下指定日期會在「時報出版」、「時報出版｜深度悅讀線」臉書粉絲專頁公布。

請由此剪裁

第一波贈獎活動：紀念 T-shirt 共 4 名，請於 3/6 前寄回，3/13 公布獲獎名單。
第二波贈獎活動：吉祥物娃娃共 4 名，3/31 前寄回，4/7 公布獲獎名單。

2020 國際書展加碼活動：**國泰航空台北東京來回機票抵用券 5000 元** 1 名，請於 2/4-9 台北國際書展期間至**時報攤位現場**投遞回函，2/12 公布獲獎名單。

註：國際書展特別活動若未抽到，可繼續參加第一波、第二波寄回函活動，越早將回函寄回機會越大！

台北國際書展｜地點：世貿展覽中心　展覽時間：2020/2/4(二)-2/9(日) 每日 10:00-20:00，週五周六延長至 22:00
時報出版攤位：D506

＊您最喜歡本書的章節與原因？

____

＊請問您在何處購買本書籍？
□誠品書店　□金石堂書店　□博客來網路書店　□量販店
□一般傳統書店　□其他網路書店　□其他

＊請問您購買本書籍的原因？
□喜歡主題　□喜歡封面　□價格優惠
□喜愛作者　□工作需要　□實用　□其他

＊您從何處知道本書籍？
□一般書店：________　□網路書店：________　□量販店：________
□報紙：________　□廣播：________　□電視：________
□網路媒體活動：________　□朋友推薦　□其他：________

【讀者資料】
姓名：________　□先生 □小姐
年齡：________　職業：________
聯絡電話：（H）________　（M）________
地址：□□□________
E-mail：________

（請務必完整填寫、字跡工整，以便聯絡及贈品寄送）

注意事項：
★請將回函正本於國際書展 2/4-2/9 至時報攤位投遞或寄回時報出版，不得影印使用。
★本公司保有活動辦法之權利，並有權選擇最終得獎者。
★贈品有限，將隨機出貨，敬請見諒。
★國泰航空台北東京來回機票抵用券 5000 元由中國時報旅行社提供。
★機票抵用券使用期限至 2020 年 7 月 20 日，逾期無效。
★若有其他疑問，請洽客服專線：02-23066600#8232。

ㄚㄤ、鐵道和城市發展，建起東京城市的移動軌道

TOKYO 1964·2020

東京圖道634

圖展維 著

林之晨 城邦電腦集團

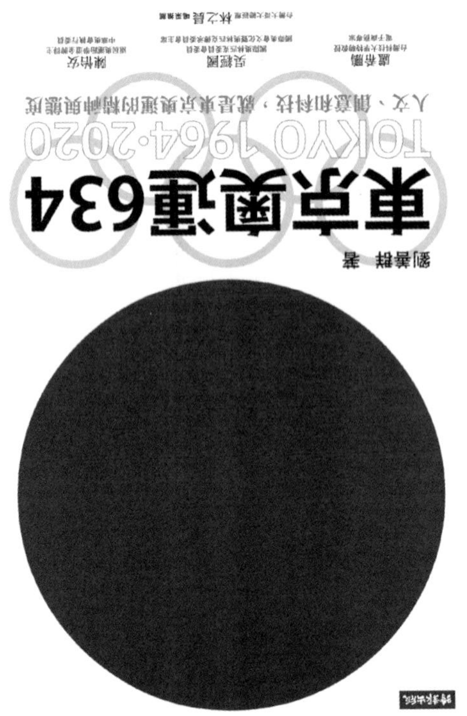

※請對折封好，無需黏貼郵票，直接投入郵筒，請不要使用釘書機。
※可於2020國際書展於時報出版攤位現場投遞，可參加加碼活動。

廣	告	回	信
台	北 郵 局 登 記 證		
台	北	廣	字
第	2 2 1 8		號

時報文化出版股份有限公司

108 台北市萬華區和平西路三段240號7樓

第六編輯部 悅讀線 收

請由此剪裁